ARCHITEKTUR · GLAS · FARBE

ANDREW MOOR

ARCHITEKTUR · GLAS · FARBE
ZEITGENÖSSISCHE BEISPIELE

DEUTSCHE VERLAGS-ANSTALT
MÜNCHEN

FIRST PUBLISHED IN 2006 BY MITCHELL BEAZLEY, AN IMPRINT
OF OCTOPUS PUBLISHING GROUP LTD, 2–4 HERON QUAYS,
LONDON E14 4JP

COPYRIGHT © OCTOPUS PUBLISHING GROUP LTD 2006-01-24
TEXT COPYRIGHT © ANDREW MOOR

AUS DEM ENGLISCHEN ÜBERSETZT VON BETTINA RÜHM

BIBLIOGRAFISCHE INFORMATION DER DEUTSCHEN BIBLIOTHEK
DIE DEUTSCHE BIBLIOTHEK VERZEICHNET DIESE PUBLIKATION IN
DER DEUTSCHEN NATIONALBIBLIOGRAFIE; DETAILLIERTE
BIBLIOGRAFISCHE DATEN SIND IM INTERNET ÜBER
‹HTTP://DNB.DDB.DE› ABRUFBAR.

DIESE AUSGABE WURDE AUF CHLOR- UND SÄUREFREI GEBLEICH-
TEM, ALTERUNGSBESTÄNDIGEM PAPIER GEDRUCKT.

1. AUFLAGE
COPYRIGHT FÜR DIE DEUTSCHE AUSGABE
© 2006 DEUTSCHE VERLAGS-ANSTALT, MÜNCHEN,
IN DER VERLAGSGRUPPE RANDOM HOUSE GMBH
ALLE RECHTE VORBEHALTEN
BUCHGESTALTUNG: JOHN ROUND DESIGN
SATZ DER DEUTSCHEN AUSGABE: BOER VERLAGSSERVICE,
MÜNCHEN
DRUCK UND BINDUNG: TOPPAN PRINTING COMPANY LTD
PRINTED IN CHINA
ISBN 10: 3-421-03579-2
ISBN 13: 978-3-421-03579-0

WWW.DVA.DE

ABBILDUNG SEITE 2 »**raigs X**« (Röntgenstrahlung),
Barcelona, Spanien, 1997, von José Castrillo (siehe S. 142)

ABBILDUNG RECHTS **MUSAC**, Kulturzentrum, Leon,
Spanien, 2005, von Mansilla & Tunon

INHALT

VORWORT 6

EINFÜHRUNG 8

ARCHITEKTUR UND GLAS

GLAS IN DER ARCHITEKTUR 18

EMAILLEBESCHICHTUNG 20

FARBIGES VERBUNDGLAS 44

GLAS MIT FOLIENBESCHICHTUNG 62

GLASKUNST UND ARCHITEKTUR

GLASKUNST 74

EMAILLEFARBEN AUF GLAS 76

LAMINIERTES GLAS 124

ABGESENKTES GLAS UND SCHMELZGLAS 148

SANDGESTRAHLTES GLAS 162

FOLIENBESCHICHTETES GLAS 172

GLOSSAR 184

REGISTER 187

BILDNACHWEIS UND DANK 192

VORWORT

In den letzten zwanzig Jahren hat sich die Glaskunst im Umkreis der Architektur und Innenraumgestaltung grundlegend verändert. »Architektur, Glas, Farbe« zeigt diesen Wandel und beschreibt, welche neuen Herstellungsverfahren eine jahrtausendealte Technik abgelöst haben.

Als ich dieses Buch zu schreiben begann, fiel mir eine Begebenheit aus der Zeit der Arbeit an meinem ersten Buch »Contemporary Stained Glass« ein. Nach einer Vorlesung hatte mich eine Studentin gefragt: »Wie kommt es, dass Sie sich mit einer Kunstform beschäftigen, mit der es seit 700 Jahren bergab geht?« Ich war verblüfft von der Wahrheit, die sich in dieser Frage verbarg. In der Tat hatte sich Farbglas im 13. Jahrhundert einer Beliebtheit erfreut, die es später nie wieder erlangen sollte. Mittlerweile bin ich jedoch überzeugt davon, dass dem Farbglas neue Ausdrucksformen innewohnen, die zu zeitgenössischen Arbeiten führen werden, die den Kunstschöpfungen der Vergangenheit ebenbürtig sind.

Zwei Menschen haben maßgeblich zum Gelingen dieses Buches beigetragen. Der Architekturjournalist Hattie Hartmann half mir bei der Recherche und beim Schreiben. Mein Bruder Richard kümmerte sich um die Fotos, verhandelte mit den Fotografen und übernahm den Großteil der Organisation. Für meine Frau und meine Kinder sahen die letzten sechs Monate so aus, dass ich jede freie Minute im Keller verschwand, um »an dem Buch zu arbeiten«. Es tut gut, wieder bei meiner Familie zu sein.

Ich hoffe, dass dieses Buch die spannende Beziehung zwischen Glas, Farbe und Architektur beleuchtet und deutlich macht, dass in diesem außergewöhnlichen Material mehr steckt, als vier Buchstaben vermuten lassen – GLAS.

Andrew Moor

LINKS **Salvation Army International Chapel**, London, England, 2004. Architekten: Carpenter Lowings Architects. In dem modernen Gebäude ist eine leuchtend orangefarbene Kapelle aufgehängt – das »glühende Herz« des Welt-Hauptsitzes der Heilsarmee. Das Verbundglas ist gefärbt und auf der Außenseite geätzt.

EINFÜHRUNG

ZUM HINTERGRUND

Bis Anfang der 1990er Jahre fand die Glaskunst in der Architektur nur wenig Beachtung. Zwar hatten Künstler im 20. Jahrhundert neue Entwurfskonzepte, doch die grundlegenden Techniken der Umsetzung stammten im Wesentlichen aus dem Mittelalter.

Dies hat sich nun geändert. Innerhalb eines guten Jahrzehnts wurde Bleiglas für das Zusammenspiel von Glas, Kunst und Architektur ersetzbar. Wie und warum ist es dazu gekommen?

Im Grunde hat es damit zu tun, wie moderne Architekten über Gebäude denken. Heutzutage haben sich die Baueinheiten, ihre Einbindung in ein größeres Ganzes und die grundsätzlichen ästhetischen Ziele geändert. Bleiglas entstand zu einer Zeit, als Glas nur in kleinen, 60 bis 90 cm breiten Scheiben hergestellt werden konnte. Scheiben dieser Breite können ohne größeren Aufwand zu einem hohen, dünnen Fenster zusammengesetzt werden. Solche Fenster sind biegsam und beständig, haben aber keine konstruktiven Eigenschaften, keine innere Steifigkeit und müssen deshalb abgestützt werden. Zeitgenössische Architekten hingegen bevorzugen vollflächige Glaswände, nicht spaltartige Öffnungen in massiven Wänden, Glasscheiben, die mehr als 1 m breit und mindestens 2,5 m hoch sind und sich mühelos, ohne jede zusätzliche Konstruktion in ihre Gebäude einbinden lassen. Bleiglas hat in diesem ästhetischen Ideal keinen Platz. Es spricht zwar eine schöne Sprache, aber es ist nicht die Sprache der modernen Architektur.

Daher wurde Farbglas von modernen Architekten nie wirklich eingesetzt, obwohl es Anfang des Jahrhunderts von Frank Lloyd Wright, Charles Rennie Mackintosh und der einflussreichen Bauhaus-Bewegung propagiert worden war. Farbglas spielte kaum eine Rolle, es blieb Gefangener einer beliebten, aber völlig veralteten Technik. Daran hat sich im Grunde genommen bis in die 1990er

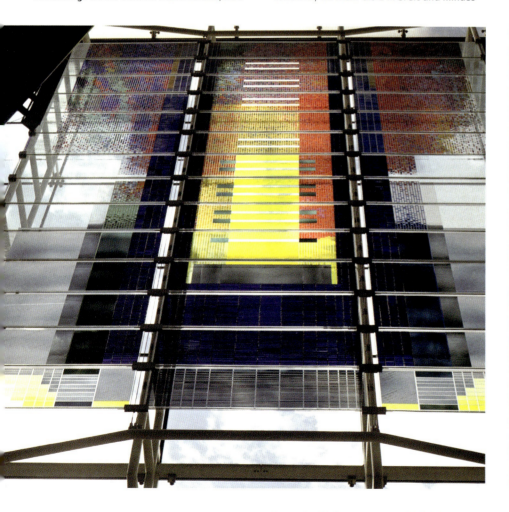

Internationales Kongresszentrum Birmingham, England, 1991. Künstler: Alexander Beleschenko. Dieses 30 m² große aufgehängte Glas-Kunstwerk besteht aus vielen dünnen Streifen aus mundgeblasenem und bedrucktem Glas, die in Sandwich-Art zwischen zwei Schichten Floatglas liegen.

Internationales Kongresszentrum Birmingham. Obwohl das Kunstwerk fast 1000 kg wiegt, erweckt es durch die filigrane Detailausbildung den Eindruck, es schwebe in der Luft. Der Entwurf verkörpert vorbildlich eine Kombination aus solider Vorhersehbarkeit und eleganter Asymmetrie.

EINFÜHRUNG 9

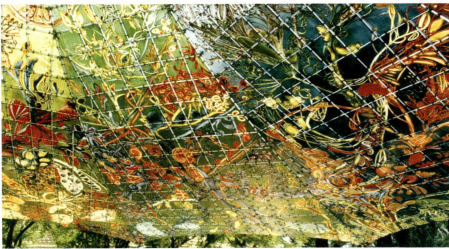

OBEN **Heart Tent, Diplomatischer Club**, Riad, Saudi-Arabien, 1989. Architekt: Frei Otto. Dem Architekten war es schon immer ein Anliegen, mit seinen filigranen Konstruktionen die Grenzen des Machbaren auszuloten. Bei dieser zeltähnlichen Glaskonstruktion mit gespannten Seilen stellte er sich jeder nur erdenklichen technischen Herausforderung.

UNTEN **Heart Tent, Diplomatischer Club**. Für die transparente und opake Emaillebeschichtung benötigte ein Team von fünf Künstlern unter der Leitung von Bettina Otto, Frei Ottos Tochter, mehr als ein Jahr. Das Werk ist das erste dieser Größenordnung, das je mit gehärtetem Floatglas erstellt wurde.

Jahre nichts geändert. Doch seit wenigen Jahren entwickelt sich die Glaskunst zum Partner der Architektur. Die damit befassten Architekten erlernen dabei eine neue Sprache, deren Vokabular sie hinsichtlich Materialien, Farben und Formen gleichzeitig erweitern. Es ist eine Industrie entstanden, die sich völlig neu erfunden hat.

Heutzutage gibt es kaum noch »Farbglas-Künstler«. Man findet jetzt eher Glaskünstler oder Architekturglaskünstler, vielleicht auch nur Künstler, die mit Glas arbeiten. Immer weniger Glasobjekte in modernen Gebäuden bestehen aus Bleiglas. Designsprache und Herstellungstechnik haben sich weiterentwickelt, es gibt heutzutage wesentlich mehr Möglichkeiten, Glas in moderne Gebäude zu integrieren.

NEUE TECHNIKEN

Diese schrittweise Entwicklung lässt sich am besten darstellen anhand von einzelnen Projekten, die den sich wandelnden Zeitgeist symbolhaft widerspiegeln.

Alexander Beleschenkos Fenster im Stockley Park aus dem Jahr 1986 (im Buch »Contemporary Stained Glass« von Andrew Moor) war eines der ersten größeren Projekte des Künstlers. Es zeigt beispielhaft sein Bestreben, ohne die mit Bleiglas verbundenen Einschränkungen zu arbeiten. Bei seiner »Sandwich-Technik« verwendete er Stücke aus mundgeblasenem Glas – jahrhundertelang war es auch für Bleiglas üblich –, die er zwischen zwei Schichten von gehärtetem Glas fixierte. Wie man am Internationalen Kongresszentrum in Birmingham sieht (S. 8), kann diese Technik zu einem wunderbar leicht wirkenden Kunstwerk führen. Der Nachteil der Technik besteht zum einen darin, dass die äußere Glasscheibe zum Spiegeln neigt und somit das Farbglas dahinter nicht voll zur Geltung kommen lässt, zum andern im enormen Gewicht der dreischichtigen Scheiben. Doch gerade der Eindruck, das Glas schwebe schwerelos in der Luft, ist das herausragende Merkmal von Beleschenkos Entwurf in Birmingham. Diese Sandwich-Technik ist allerdings nicht weit verbreitet. Dies liegt vielleicht daran, dass der direkte Verbund von mundgeblasenem Antikglas und Grundglas zu vielen ähnlichen Ergebnissen führt.

VERBUND-ANTIKGLAS

Heute ist es weithin üblich, Antikglas mit

LINKS **Tate Gallery, St Ives**, England, 1994, 4,85 x 4,95 m. Künstler: Patrick Heron. Dieses Fenster besteht aus zwei Glasscheiben mit einer 32 mm dicken verstärkenden Glasnaht. Es war eines der ersten großformatigen Projekte, bei denen Antikglas mit Floatglas verbunden wurde.

RECHTS **The Merseyway, Stockport**, England, 1995. Künstler: Graham Jones. Dieses Detail zeigt, wie sich an Verbundglasfenstern aus Antikglas höchst malerische Effekte erzeugen lassen, indem alle Techniken für Farbglas Anwendung finden, auf die grafischen Bleilinien jedoch verzichtet wird.

EINFÜHRUNG 11

OBEN LINKS **Innenwand, Hotel Aubier**, Neuchâtel, Schweiz, 1991. 5,4 x 5,6 m. Entwurf und Ausführung: Udo Zembok. Dieses Kunstwerk besteht vollständig aus Floatglasscheiben mit aufgebrannten Emaillemalereien; die Scheiben wurden zu gehärtetem Glas miteinander verbunden.

OBEN RECHTS **Chelsea Flower Show**, London, 2004. Herstellung: Fusion Glass. Diese Scheibe zeigt die typische reliefartige Oberfläche von abgesenktem Glas. Die reich strukturierte Oberfläche dieses Objekts, auf der sich kein Muster wiederholt, erweckt den Anschein, als sei sie ganz natürlich entstanden.

UNTEN **Ing Bank HQ**, Amsterdam, Niederlande, 1987, 150 m². Hier wurde Antikglas mit gehärtetem Floatglas verbunden. Die freien, durchsichtigen Bereiche aus Floatglas sollen einen Kontrast bilden zu der strukturierteren Oberfläche des Antikglases.

Floatglas zu verbinden. Der große Vorteil dieser Vorgehensweise liegt darin, dass große stabile Scheiben hergestellt werden können (siehe St. Ives Tate Gallery, England, 1994, S. 10), die den Reiz von reinem mundgeblasenem Glas haben, bei denen aber gleichzeitig auf die Verwendung von Blei ringsum verzichtet werden kann. Künstler, die viel mit Farbglas arbeiten, sind mit dieser Entwicklung sehr zufrieden, denn sie müssen nicht auf die prachtvollen Farben und Oberflächen von Farbglas verzichten und können die Technik, die sie zur Herstellung erlernt haben, weiter anwenden. Nur das Blei fehlt.

EMAILLEFARBEN AUF FLOATGLAS

Emaillemalereien auf Glas sind heute viel verbreiteter als noch vor zwanzig Jahren. Die Techniken selbst haben sich nicht verändert und waren viele Jahre lang gebräuchlich. Viel hat sich dagegen an den Brennöfen für große Glasscheiben geändert: Sie sind preiswerter geworden, nehmen weniger Platz ein als früher und sind nach der Einführung von Computerprogrammen leichter zu bedienen.

Emaillefarben kann man auf das Glas bürsten oder reiben, im Siebdruckverfahren aufbringen oder aufsprühen. All diese Techniken können zu erstaunlichen Resultaten führen, aber man braucht, wie bei allen Techniken, Erfahrung, um sie zu beherrschen, und man muss sie ständig anwenden, um ihr Potential voll ausschöpfen zu können. Viele Künstler waren, und manche sind es noch, skeptisch, ob mit Floatglas wirklich gute Ergebnisse zu erzielen sind, genauso, wie manche Maler nicht mit Acrylfarben malen, weil die damit herstellbaren Oberflächen und Farben für sie nicht an die von Ölgemälden heranreichen.

SANDGESTRAHLTES GLAS

Um einen Wechsel zwischen Transparenz und Transluzenz zu erzeugen und um Reliefmuster herzustellen, wird seit über hundert Jahren die Technik des Sandstrahlens angewendet. Manche Künstler tragen auf den abgeriebenen Oberflächen gerne Farbe auf. Jeder Künstler oder Kunsthandwerker benutzt andere Produkte, und so entstehen

OBEN **Detail eines Punktrasters**, Al-Faisaliah-Zentrum, Riad, Saudi-Arabien, 2002. Künstler: Brian Clarke. Dieses Detail aus einem Fischmotiv zeigt, wie Clarke mit dem Gegensatz von bildlicher Darstellung und Abstraktion umgeht, indem er mit größeren Punkten auf zwei Glasoberflächen arbeitet.

RECHTS **Heilig-Geist-Kirche**, Friedberg, Deutschland, 2004. Der gesamte blaue Hintergrund wurde bei diesem Kirchenfenster im Siebdruckverfahren auf Floatglas aufgebracht. Die gelben und grünen Flächen wurden anschließend hinzugefügt.

vielfältige Ergebnisse. Die Kunstwerke zeichnen sich oft durch leuchtende Farben und eine ausgeprägte Oberflächenstruktur aus, die mit anderen Methoden nur schwer erreicht werden kann.

ABGESENKTES GLAS

Vor zwanzig Jahren war diese Glasart noch nahezu unbekannt. Nur wenige Künstler, etwa Florian Lechner, stellten mit dem Verfahren, Glas über Formen zu erhitzen, bis es sich in diese hineinsenkt, außergewöhnliche Kunstwerke her. Selbst 1990 war es noch schwierig, eine abgesenkte Glasscheibe in einer Anlage automatisch zum Härten zu bringen, doch mittlerweile wird diese Art Glas überall auf der Welt angeboten. Es hat eine organische Oberfläche – glatt wie Glas, aber auch auf eine eigentümlich natürliche Art uneben. Es leuchtet im Licht und jedes Stück Glas ist ein Unikat.

SCHMELZGLAS

In den letzten Jahren haben die Betreiber von großen Brennöfen gelernt, wie man viele Schichten Glas zu großen und dicken Scheiben zusammenschmelzen kann. Schmelzglas ist teuer, da durch die lange Abkühlphase die teuren Anlagen tage- oder wochenlang blockiert werden, doch die sinkenden Preise für Brennöfen und der Reiz der 10 cm dicken Glasscheiben machen Schmelzglas trotz der hohen Kosten attraktiv.

GEFÄRBTES VERBUNDGLAS

Diese Glasart mit eingelegten Folien oder Harz wurde früher manuell hergestellt. Mittlerweile kann man sie auch industriell produzieren. Farbige Verbundsicherheitsfolien gibt es inzwischen auf der ganzen Welt.

GLAS MIT FOLIENÜBERZUG

Farbige Folien können auf Floatglas aufgebracht werden und sind erstaunlich haltbar. Es gibt ein breites Spektrum verfügbarer Farben. Man kann auch verschiedene Schichten kombinieren und geätzte Folien hinzufügen, mit unglaublich vielfältigen Ergebnissen.

Ferner gibt es digital bedruckte Folien, die auf Glas aufgeklebt oder sogar zwischen zwei Glasschichten eingelegt werden können. Die Vorteile sind die gleichen wie beim Vierfarbdruck, einschließlich der relativ niedrigen Kosten und eines flexiblen Entwurfs- und Herstellungsprozesses, der es erlaubt, kurzfristig und unkompliziert neue Ideen zu verwirklichen.

IST DAS KUNST?

Zumindest ein Künstler äußerte sich besorgt über meinen Plan, in diesem Buch Glasentwürfe von sowohl Künstlern als auch Architekten zu präsentieren, und meinte: »Es gibt einen Unterschied zwischen den dekorativen Objekten, die Architekten bevorzugen, und Kunst.« In diesem Buch soll das Potential von Glas aufgezeigt werden, sei es als Material für ein reines Kunstwerk oder als Medium für Architekten in ihrem Bestreben, schöne und funktionale Gebäude zu entwerfen. Es sind noch längst nicht alle Möglichkeiten ausgelotet, wie man ein Gebäude mit dekorativen Details aus Glas aufwerten kann. Die Projektbeispiele zeigen, wie viel Wirkung sich auf einfache Weise erzielen lässt, und zwar zu vergleichsweise niedrigen Kosten, einfach, indem man mit Glas »etwas macht«.

Ist etwas falsch daran, Glas für dekorative Zwecke zu verwenden? Gibt es einen Unterschied zwischen reiner Kunst und angewandter Kunst? In Wahrheit gibt es eine komplizierte wechselseitige Beziehung zwischen Kunst und Dekoration. Wohl niemand kann sich beim Anblick von Frank Gehrys Guggenheim Museum in Bilbao in Spanien dem Eindruck entziehen, er stehe vor einem fantastischen, monumentalen Kunstwerk. Die

LINKS Einige Geräte der Zeit um 1992 aus der Franz Mayer'schen Hofkunstanstalt und Glasmalerei GmbH in München, einer der großen Glaskunstwerkstätten, in denen Künstler mit Hilfe moderner Technologie ihre Werke herstellen können.

RECHTS Dieses Bild zeigt einen Teil von Ken Leaps Kunstprojekt für den Bahnhof in Bayonne (siehe S. 77), das in den Derix-Glaswerkstätten nahe Wiesbaden gefertigt wurde. Ein Kunsthandwerker spritzt vor dem Brennvorgang Emaillefarbe auf.

St. Andreas, Essen, Deutschland, 1993. Künstler: Jochem Poensgen. Durch die Sandwich-Technik und die Verwendung von einfachen, geschichteten Industrieglasscheiben, die leuchtende Muster erzeugen, zeigt Poensgen die Kunst der »Dekoration« eines Architekturglaskünstlers.

Qualität der Ausstellungen im Inneren mag allerdings nicht immer dem Gebäude entsprechen. Kunst, Architektur und Design gehören zusammen, drehen sich umeinander, beeinflussen sich gegenseitig und wetteifern manchmal um denselben Raum.

ARCHITEKTEN UND KÜNSTLER

Ob die beiden Berufe Geschwister sind oder nur entfernte Verwandte – darüber lässt sich streiten. Es hat immer Künstler-Architekten gegeben (Gaudí, Lloyd Wright und Gehry), die mit ihrer Originalität und ihrer Fähigkeit, die optische Sprache zu verändern, wahrlich Grenzen überschritten haben. Doch Architektur und Kunst sprechen in vielerlei Hinsicht verschiedene Sprachen und verfolgen unterschiedliche Ziele, obgleich sie in manchen Konstellationen zueinander finden können.

Der vielleicht bedeutendste Architekturglaskünstler des letzten Jahrhunderts ist der deutsche Glasdesigner Jochem Poensgen. In seiner Veröffentlichung »Glaskunst für Architektur« (1992) fordert er Glaskünstler dazu auf, sich um »bürgerliche Unaufmerksamkeit« zu bemühen. Damit meinte er, ihre Werke müssten erfahren werden und nicht nur bemerkt. »Die wahre Kunst in der Architektur strebt nicht nach Aufmerksamkeit, sondern wird ganz selbstverständlich wahrgenommen.« Ein starkes Merkmal seiner Kunstwerke ist das Element der Wiederholung. Bei den Kirchenfenstern in Essen (1993) beispielsweise versah er das Glas mit einem Muster, das er ohne Ausnahme wiederholte. Als Künstler empfand er nicht das Bedürfnis, den Rhythmus zu stören oder zu unterbrechen. Rhythmen sind ein in der Architektur häufig verwendetes Element; das Wesen von Architekturdetails besteht oft in Motiven, die erst durch ihre Wiederholung Gewicht bekommen. Ein einzelner Giebel kann langweilig, eine Reihe von Giebeln dagegen beeindruckend wirken. Eine einzelne Säule bewirkt eher wenig, eine Säulenreihe hingegen erzeugt einen Rhythmus. Poensgens Werke können als Beispiele dafür dienen, wie Architekturglaskünstler durch die Zusammenarbeit mit Architekten zu Entwürfen finden, die Gebäude aufwerten, ohne vorzugeben, Kunst zu sein. Vielleicht ist es wie so oft im Leben: Wenn man aufhört, es zu versuchen, erreicht man plötzlich das Ziel. Manchmal kann die bescheidenste Anfangsabsicht der Schlüssel zum größten Erfolg sein.

ZUSAMMENHÄNGE

Es gibt unzählige Möglichkeiten, emaillebeschichtetes Verbundglas sehr wirkungsvoll einzusetzen. Anstelle eines einfachen Punktrasters zur Verringerung der Sonneneinstrahlung kann man Fotos, Zeichnungen oder Grafiken verwenden. Die ebene Fläche eines Gebäudes kann durch abgestufte Farbtöne optisch in Sinuskurven verwandelt werden. Wolkenkratzer der Zukunft könnten mit farbigen Glasbändern aufgewertet werden, die das Licht sowohl reflektieren als auch durchlassen. Manche Räume eignen sich eher für Glaskunst als andere. Nach außen verglaste Treppenhäuser bieten sich geradezu an für ein durchgehendes hohes »Gemälde«, das von außen sichtbar ist. Im Gegensatz dazu bietet sich die Innenwand eines Treppenhauses für die zeitlich begrenzte Wahrnehmung einer Kunstinstallation an. Treppenhäuser sind keine Aufenthalts-, sondern Durchgangsbereiche. Sie eignen sich häufig am besten für ein Glaskunstwerk, da dort die Wahrnehmung der Benutzer auf den Moment des Transits begrenzt ist, während in Aufenthaltsräumen häufig etwas Ruhigeres erwünscht ist.

Fast überall dort, wo Glas zum Einsatz kommt, kann das Glas auch verziert werden. Architekten mit Visionen ergreifen diese Chance, wobei diejenigen, die gerne mit Künstlern zusammenarbeiten, ihre Vorstellungen am besten verwirklichen können.

OBEN **Illustration von Stuart Reid**, 2003. Dieser fantastisch wirkende Entwurf ist Teil eines ausgefeilten Vorschlags von Stuart Reid für die städtebauliche Entwicklung eines Gebiets in Toronto, Kanada.

UNTEN **»Celestial Passage«**, Baltimore/Washington International Airport, Maryland, USA, 2005. Floatglas im Verbund mit Antikglas. Im Terminal der Southwest Airlines dient dieses Fenster als wegweisendes Licht für nächtens ankommende Fluggäste.

ARCHITEKTUR UND GLAS

GLAS IN DER ARCHITEKTUR

Ein Großteil der äußeren Hülle und der Trennwände im Inneren von zeitgenössischen Gebäuden besteht aus Glas. Auch für Geländer, Aufzüge, Schreibtische und vieles mehr findet Glas Verwendung. Durch zusätzliche Muster, Texturen oder Farbtöne lässt sich Glas noch vielseitiger einsetzen. Das kostet nicht übermäßig viel und kann den Charakter eines Gebäudes verändern – dennoch werden diese Möglichkeiten der Glasbearbeitung überraschend wenig genutzt.

Glas und Farbe ergänzen sich hervorragend. Die Abbildungen verdeutlichen, wie stark farbige Fassaden auf ihre unmittelbare Umgebung wirken. Aber auch der Charakter von Innenräumen kann durch den Einsatz von Glas verändert werden. Selten dient Glaskunst einfach nur der Verschönerung, und nicht wenige Künstler wären beleidigt, würde man ihr Werk als Dekoration bezeichnen. Viele Projektbeispiele auf den folgenden Seiten entstanden in Zusammenarbeit mit einem Künstler. So zeigt das Projekt des Künstlers Liam Gillick mit dem Architekturbüro Terry Farrell Partnership (S. 54, 55), wie wirkungsvoll bereits ein leichter Eingriff des Künstlers sein kann. Das verwendete Glas prägt das Gebäude, obwohl es selbst nur einen minimalen Anteil daran hat. Es war relativ preisgünstig und ist, vielleicht wegen der Einfachheit des Entwurfs, sehr gut in das Gebäude integriert.

Glas kann aufgrund seiner Materialeigenschaft als Bauelement unterschiedliche Funktionen übernehmen, bis hin zur Statik – Glas als tragendes Material. Durch seine physikalischen Lichteigenschaften wirkt Glas zudem ganz besonders auf unsere Wahrnehmung ein, es kann starke künstlerische Wirkungen entfalten. So versetzt dieses Material Architekten und Künstler in die Lage, gemeinsam vielfaltige Ausdrucksformen finden, wenn es gelingt, beide zu einer kreativen, fruchtbaren Zusammenarbeit anzuregen.

VORHERGEHENDE SEITE **Rathaus Innsbruck**, Österreich, 2002. Architekt: Dominique Perrault. Künstler: Peter Kogler. Die Abbildung zeigt einen Ausschnitt dieses künstlerischen und architektonischen Meisterwerks. Vier Motive in Schwarz sind wie auf einem Blatt von M. C. Escher ineinander verwoben.

Novartis Campus, Basel, Schweiz, 2005. Architekt: Diener & Diener. Künstler: Helmut Federle mit Architekt Gerit Wiederin. Die bunten Glasscheiben sind in drei verschiedenen Ebenen angeordnet. Sie werden von vertikalen Stäben gehalten und erzeugen auf der großzügigen Fassade ineinander übergehende Konturen.

GLAS IN DER ARCHITEKTUR 19

RECHTS **Euralille**, Lille, Frankreich, 1995. Architekt: Jean Nouvel. Dieser Verbindungsgang zwischen zwei großen Gebäuden ist Bestandteil eines riesigen Geschäftszentrums in Lille. Die Außenaufnahme zeigt farbige und schwarzweiß bedruckte digitale Folien. Von innen sieht man, dass diese den Blick nach draußen auf eine stark befahrene Straße verdecken. Experimentierfreudig bediente sich Nouvel der neuesten Techniken.

EMAILLEBESCHICHTUNG

Unter Architekten ist Glas, auf das Bildmotive mit Emaillefarbe gebrannt werden, als Glasfritte bekannt. Normales Flachglas als Floatglas wird bei der Herstellung nach dem Verlassen des Zinnbads sehr langsam und sorgfältig abgekühlt damit es spannungsfrei bleibt; es splittert bei Bruch in zackige Scherben. Die Begriffe »Hartglas« oder »gehärtetes Glas« bezeichnen vorgespannntes Glas als Einscheiben-Sicherheitsglas. Vorgespanntes Float- oder Gussglas wurde bei der Herstellung sehr rasch abgekühlt, was eine Steigerung der Bruchfestigkeit zur Folge hat. Bei einem starken Schlag zerfällt das thermisch vorgespannte Glas ohne Splitterbildung in eine Vielzahl stumpfkantiger Krümel. Für die Glasfritte nun werden bestimmte Markengläser eingesetzt, die es erlauben, andere Glasmaterialien aufzuschmelzen, ohne dass es zu Spannungsrissen kommt. Emaillierte Scheiben können zu Isolierglas oder Verbundglas weiterverarbeitet werden. Bei der Glasbemessung für den Einsatz am Bau ist zu beachten, dass durch die Emaillierung die Zugfestigkeit der betreffenden Oberfläche herabgesetzt wird. Die Oberflächen von gehärtetem Glas lassen sich leicht bedrucken; allerdings ist

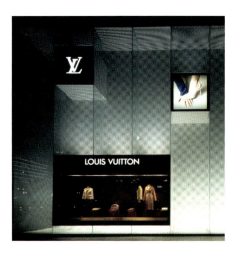
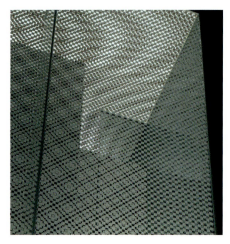
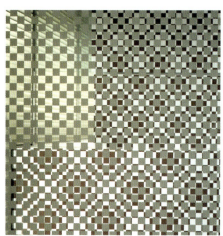

Louis-Vuitton-Laden, Nagoya, Japan, 1999. Architekt: Jun Aoki. Der japanische Architekt Aoki hat sich darauf spezialisiert, aus Glas halbdurchsichtige Scheiben herzustellen, die an japanische Papierwände erinnern. Bei diesem Projekt, seinem ersten Louis-Vuitton-Laden in Nagoya, hat Aoki mit Mustern gearbeitet, die auf beide Glasseiten gedruckt wurden. Dadurch entstanden leuchtende Moiré-Effekte, die ebenso streng wie zurückhaltend sind, aber einen nachhaltigen Eindruck hinterlassen.

LINKS, OBEN UND UNTEN **Büro- und Wohnhaus**, Wien, Österreich, 2003. Architekten: Delugan Meissl. An diesem fünfstöckigen Wohn- und Bürohaus sind 105 im Siebdruckverfahren bedruckte Glasscheiben angebracht. Zwei horizontale Bilder wechseln sich jeweils mit einem vertikalen ab. Trotz der vielfachen Wiederholung wirkt das Ganze nicht langweilig. Nachts fängt sich die Innenbeleuchtung am bedruckten Glas, das dann als filigraner Schutz gegen Blicke von außen dient. Scheint die Sonne, erzeugen die Glasscheiben auf den Balkonböden reizvolle Schattenspiele.

das Verfahren langwierig. Zunächst muss eine Schablone in der Originalgröße des Bildmotivs angefertigt werden, dann muss dieses in die Druckmaschine gelegt, die Lage exakt kontrolliert und schließlich die Glasscheibe bedruckt werden. Das Bedrucken weiterer Glasscheiben mit demselben Motiv geschieht dann relativ schnell und kostengünstig.

Das Bedrucken von Glas bietet Architekten enorme Möglichkeiten. Mit Emaillebildern steht eine ganz neue Sprache zur Verfügung, die es erlaubt, Form und sichtbare Oberflächen von Fassaden in fast jeder erdenklichen Weise zu gestalten.

HERZOG & DE MEURON

Jacques Herzog und Pierre de Meuron sind bekannt für neue Ansätze der Gestaltung von Fassaden. Die hier gezeigten Gebäude verändern ihr Aussehen je nach Tageszeit und Wetter, und sie wirken, ähnlich wie pointillistische Gemälde, aus der Ferne anders als aus der Nähe.

Die Apotheke des Kantonsspitals Basel ist vollständig mit quadratischen Glasscheiben verkleidet, auf die im Siebdruckverfahren grüne Punkte aufgebracht wurden. Die Glasscheiben werden von Stahlprofilen gehalten, die an perforierten Stahlpaneelen befestigt sind. Aus einiger Entfernung sieht das Gebäude wie eine schimmernde Glaskiste aus, deren Stil an die geometrisch-abstrakte Op-Art erinnert. Das Wechselspiel der beiden verschiedenen Punktmuster erzeugt einen Moiré-Effekt.

Bei ihrem Projekt in Mulhouse in Frankreich verkleideten die Architekten das Kaufhaus der Schweizer Firma Ricola (S. 24, 25) mit preisgünstigem Polycarbonat, auf das sich wiederholende Blattmotive eines Fotos von Karl

1 Apotheke des Kantonsspitals, Basel, Schweiz, 1998. Auf diesem Foto vom Atrium, aufgenommen durch eine Scheibe hindurch, sieht man das Punktmuster auf dem Glas.

2 Apotheke des Kantonsspitals. Der einfache Quader gewinnt durch seine kräftige Farbe und das Punktmuster einen ganz eigenen Charakter. Das Muster verstärkt optisch die perspektivischen Fluchtlinien.

Blossfeldt im Siebdruckverfahren aufgebracht wurden. Aufgedruckte Bildmotive bilden auch das Schlüsselkonzept für die Bibliothek der Fachhochschule in Eberswalde. Das dreigeschossige Gebäude ist mit Betonfertigteilen und Glasplatten verkleidet, letztere mit Fotos des Künstlers Thomas Ruff bedruckt. Jedes horizontale Band ist mit einem einzigen Bildmotiv bedruckt. Die silbrig schimmernde Fassade wirkt wie eine Wand aus Papier, voller Leichtigkeit und Transparenz. Bei der Bibliothek der Brandenburger Technischen Universität in Cottbus (S. 26, 27) gingen die Architekten bei der Anwendung des Siebdruckverfahrens noch einen Schritt weiter und ließen alle äußeren Glasscheiben mit riesigen, zufällig angeordneten Buchstaben bedrucken. Sie bewirken im Innenraum ein gewisses Maß an Abgeschirmtheit und dienen zudem als Sonnenschutz. Innen verschwimmen am Tag die aufgedruckten Buchstaben zu einem leuchtend weißen Wandschirm. Nachts wirkt das Muster wie wirre Kalligraphie.

3 **Bibliothek der Fachhochschule in Eberswalde**, Deutschland, 1999. Die Außenaufnahme zeigt, wie wirkungsvoll sich wiederholende Bildmotive sein können. Die Eingangstüren geben den Motiven einen ganz anderen Charakter.

4 **Bibliothek der Fachhochschule in Eberswalde**. Im Verbindungsflur erzeugt die Sonne auf dem Boden und an den Wänden Schattenspiele, die an die farbigen Muster auf den Böden düsterer gotischer Innenräume erinnern, in die durch Bleiglasfenster Sonnenstrahlen einfallen.

5 **Bibliothek der Fachhochschule in Eberswalde**. Aus der Entfernung wirken die Fotomotive auf der Fassade wie Ornamente und erzeugen rhythmische Muster.

24 EMAILLEBESCHICHTUNG

Kaufhaus Ricola, Mulhouse, Frankreich, 1993. Vermutlich hat dieses häufig veröffentlichte Projekt bereits weitere Architekten dazu inspiriert, Fassaden mit sich wiederholenden Bildmotiven zu entwerfen. Hier fassen die Bildmotive den Raum optisch ein und lassen dennoch Tageslicht hindurch.

Kaufhaus Ricola. Der einfarbige Druck einer Aufnahme von Karl Blossfeldt wirkt wie ein Relief und verleiht so der einzelnen Glasscheibe eine dreidimensionale Wirkung.

9

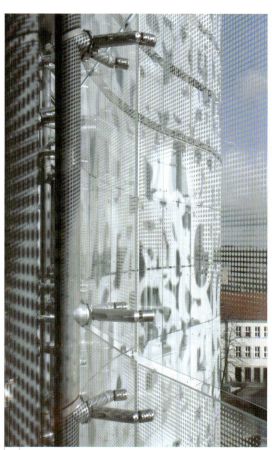

9 **Zentrum für Information, Kommunikation und Medien in Cottbus**, Brandenburg, Technische Universität Cottbus, Deutschland, 2004. Das Bibliotheksgebäude erhebt sich wie ein mittelalterliches Schloss über seine Umgebung. Die mystisch-weiß schimmernde Fassade lässt erst auf den zweiten Blick erkennen, dass sie mit wahllos gestreuten Buchstaben bedeckt ist.

10 **Zentrum für Information, Kommunikation und Medien in Cottbus**. Je länger man die Fassade betrachtet, desto mehr hat es den Anschein, keine Glasscheibe gleiche der anderen. Die Größenunterschiede der vielen Buchstaben bewirken, dass eine Wiederholung desselben Bildmotivs kaum auffällt.

10

11

11 **Zentrum für Information, Kommunikation und Medien in Cottbus.** Die aufgedruckten Buchstaben sind erst bei genauem Hinsehen zu erkennen. Sie bestehen aus Punkten, deren Dichte zu den Glaskanten hin abnimmt. Dies ermöglicht einen freien Blick nach draußen und bietet dennoch einen merklichen Lichtschutz.

12 **Zentrum für Information, Kommunikation und Medien in Cottbus.** Nachts heben sich die Buchstaben vor dem Hintergrund der geschlossenen Wandelemente ab und betonen die wellenförmige Rundung des Gebäudes. Die Emaillebeschichtung dämpft die nach außen dringende Innenraumbeleuchtung.

WIEL ARETS

Wie das Schweizer Architekturbüro Herzog und de Meuron ist auch der holländische Architekt Wiel Arets richtungsweisend und gewinnt mehr und mehr an Ansehen, als Autor und Theoretiker wie auch als Praktiker mit ambitionierten, poetischen und dennoch nüchternen Gebäuden.

Arets Bibliothek der Universität Utrecht erinnert von außen an einen großen, dunklen Kubus – ein klassisch modernes Gebäude. Im Gegensatz zu dieser nüchternen Ästhetik ist die gesamte Fassade, sind das Glas, die Betonverkleidung und die Fensterflügel mit einem sich wiederholenden Fotomotiv von Schilfrohren bedruckt. Die Symbolik liegt nahe, ergibt sich doch über Papyrus, Papier und Bücher eine direkte Gedankenverbindung zwischen Schilf und einer Bücherei. Das kostengünstige Konzept, in Zusammenarbeit mit dem Fotografen Kim Zwarts entstanden, prägt die innere und äußere Erscheinung der Bibliothek.

Nähert man sich dem Gebäude aus größerer Entfernung, verändert sich das Motiv zusehends. Von weitem nur die Andeutung einer Textur, entwickelt es sich zu einem Muster und schließlich zu einem Bild. Nachts schimmert diffuses Licht durch die transluzente Fassade, die dadurch wirkt, als schirme ein halbdurchsichtiger Vorhang die Arbeitsbereiche ab.

Auch der Raumeindruck im Inneren wird von den aufgedruckten Motiven geprägt: Ob bei direkter Sonneneinstrahlung oder bei bewölktem Himmel, in der Abend- oder Morgendämmerung – die durchsichtige Fassade verändert sich ständig. Manchmal fängt sich das Licht in den Motiven und lässt sie hell aufleuchten, wodurch gleichzeitig der Innenraum von der äußeren Umgebung optisch abgeschirmt wird. Bei anderen Lichtverhältnissen kann man dagegen zwischen den Druckmotiven hindurch nach draußen blicken.

Arets hat das Gebäudeinnere als monumentalen Raum entworfen mit hohen, breiten Fenstern, die, wären nicht die Bildmotive auf den Glasscheiben, viel direktes Licht in das Gebäude einließen. Dies hätte womöglich den Büchern geschadet und den Raumeindruck gestört. Die bedruckten Scheiben jedoch lassen nur diffuses Licht herein und mildern die spiegelglatte Oberfläche der Fassade. Dadurch wird der Raum optisch eingefasst und zu einem Refugium für konzentriertes Lernen.

[1] **Bibliothek der Universität Utrecht**, Niederlande, 2004. Die Gebäudeform ist streng und klar. Die schwarzen Betonfertigteile und die dazu im Kontrast stehenden einheitlich glänzenden Bereiche aus Glas ergeben zusammen einen monolithischen Kubus.

[2] **Bibliothek der Universität Utrecht**. Nachts wirken die bedruckten Glasscheiben wie ein halbdurchsichtiger Vorhang, der das Innere teilweise vor Blicken von außen abschirmt.

3 **Bibliothek der Universität Utrecht.** Alle Glasscheiben sind wie die Betonplatten mit demselben Schilfrohrmotiv bedruckt – ein passender Bezug zu einer Bibliothek.

4 **Bibliothek der Universität Utrecht.** Die großzügige Dimension des Innenraums, deutlich erkennbar an der Größe der Besucher, erforderte es, den Lichteinfall durch die Glasfassade zu regulieren.

ERICK VAN EGERAAT

Erick van Egeraat hat sich mit seinem Büro EEA (Erick van Egeraat Associated Architects) darauf spezialisiert, Formen und Materialien so aufeinander abzustimmen, dass spannende Gebäude mit teilweise überraschenden Elementen entstehen. Dazu gehört für ihn stets die Verwendung von im Siebdruckverfahren bedrucktem Glas. Manchmal wirkt es wie Naturstein, manchmal erzeugt es Moiré-Effekte, wie beim Gebäude der niederländischen Botschaft in Warschau von 2004, dessen Glasfassade mit Buchstaben bedruckt ist.

Bei der Inholland-Universität in Rotterdam verwendet er bedruckte Glasscheiben sowohl für die äußere Verkleidung als auch für das Atrium im Inneren. Die mit zufällig angeordneten Buchstaben in zwei verschiedenen Blautönen bedruckten Scheiben dienen als halbtransparente Raumteiler und tauchen als Architekturmotiv im gesamten Gebäude auf.

Am Liget-Zentrum in Budapest erzeugt ein sich wiederholendes vertikales Buchstabenmuster in der Glasfassade optisch eine Brüstung. Diese dient nicht nur als Sichtschutz, sondern hilft auch, die Fassade zu strukturieren. Aus der Entfernung wirkt das Muster, als sei die Oberflächenbeschaffenheit der Glasscheiben verändert worden, wie ein Band in einem anderen Farbton. Aus der Nähe entdeckt man interessante Details.

Für das Rathaus in Alphen aan den Rijn (S. 32, 33) verwendet van Egeraat besonders kühn geschwungene Formen. Aus der Entfernung wirken die abwechslungsreichen Muster auf der Glasfassade wie eine weiche Textur. Kommt man näher, erscheinen die Gebäudeformen beson-

[1] **Liget-Zentrum**, Budapest, Ungarn, 2001. Das aufgedruckte Muster dient als einfacher Sichtschutz. Aus einigem Abstand betrachtet, erinnert es an aufeinander folgende Wellenfronten.

[2] **Liget-Zentrum**. Von innen erweisen sich die vertikalen Linien als Reihen von zufällig angeordneten Buchstaben mit verblüffender grafischer Wirkung. Sie sind ein zusätzliches dekoratives Detail und erfüllen gleichzeitig einen funktionalen Zweck.

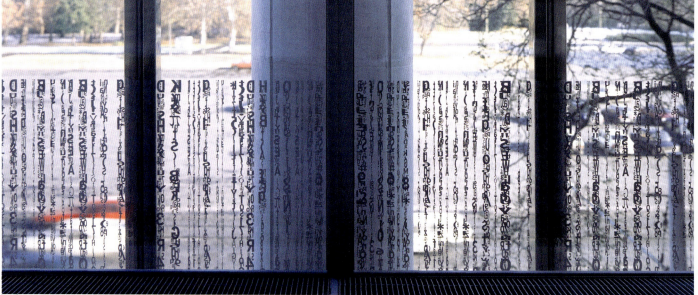

3 Inholland-Universität, Rotterdam, Niederlande, 2000. Die bedruckten Glasscheiben sind interessanter als eine massive, angestrichene Fassadenverkleidung. Sie lassen das Treppenhaus dahinter nur erahnen und machen neugierig auf das Gebäudeinnere.

4 Inholland-Universität. Das Detail zeigt das Muster auf den innen und außen verwendeten Glasscheiben. Von innen kann man durch das bedruckte Glas hinausschauen und fühlt sich dennoch geborgen.

ders nachts dramatisch und explosiv. Im Inneren meint man, immer neue, organische Bildmotive erkennen zu können, obwohl es sich in Wirklichkeit nur um neun verschiedene handelt. Die Glaswände mit ihrer natürlich wirkenden Textur umschließen und definieren den Raum.

32 EMAILLEBESCHICHTUNG

5

6

7

8

5 **Rathaus**, Alphen aan den Rijn, Niederlande, 2002. Das kühn geschwungene Gebäude ist mit emaillebedruckten Glasscheiben verkleidet, die eine schimmernde Oberfläche erzeugen.

6 **Rathaus**. Der Fassadenausschnitt zeigt, wie die weißen Punkte, aus denen das Bildmotiv besteht, farbliche Abstufungen erzeugen und so den Eindruck erwecken, Nebelschwaden würden vom Wind verweht.

7 **Rathaus**. Aus der Nähe betrachtet, werden aus den organischen Formen auf dem Glas abstrahierte Bilder von Bäumen, deren dürre Stämme den Gebäudesockel definieren.

8 **Rathaus**. Die raffinierte Musterung der Fassade wirkt dramatisch und erfüllt gleichzeitig ihren Zweck: Sie reduziert die Transparenz des Gebäudes und ermöglicht dennoch interessante Sichtbezüge.

SAUERBRUCH & HUTTON

Die renommierten Architekten Matthias Sauerbruch und Louisa Hutton begannen bereits in der Frühphase ihrer Karriere damit, an kleineren Wohnhausprojekten mit Farbe zu experimentieren. Beeinflusst von dem Bauhaus-Künstler und Theoretiker Josef Albers, bevorzugen sie abstrakte Farbgruppen. Farbe kann einen Architekturentwurf dominieren; richtig eingesetzt, kann sie einem Gebäude jedoch einen unverwechselbaren »Anstrich« geben.

Sauerbruch und Hutton verwenden Farbe, um sowohl praktische als auch theoretisch motivierte Ziele zu erreichen, Ziele, die etwas zu tun haben mit dem Bild eines Gebäudes, seiner Identität, seinem Einfluss auf die Umgebung und seinem Status. Ihre Gebäude fügen sich nicht nahtlos in die Umgebung ein. Sie stehen für sich und sind doch filigran und widerstandsfähig.

An ihren Gebäuden erscheinen die Farben der Glasfassade von außen häufig kräftig, weil sie in Kombination

1 **Photonics-Zentrum**, Berlin, Deutschland, 1998. Die farbigen Jalousien sind im Scheibenzwischenraum der doppelschaligen Fassade montiert und lassen das Gebäude in einer Bürosiedlung eines Berliner Vororts spannend und lebendig wirken.

mit anderen Farben wirken. Innen werden sie hauptsächlich für sich wahrgenommen werden. Hier verleiht ein Farbenwechsel zwischen angrenzenden Räumen oder Stockwerken jedem Bereich seine ganz eigene Atmosphäre. Beim amöbenförmigen Photonics-Zentrum in Berlin kam Farbe großflächig zum Einsatz. Die in 36 verschiedenen Farbtönen gehaltenen horizontalen Raffjalousien spielen auf die hier betriebene Optik-Forschung an. Die Verglasung selbst ist durchsichtig, doch die einfache Lösung mit bunten Rollos hinter der wellenförmigen Fassade hat eine starke visuelle Wirkung.

Das siebenstöckige, 10 000 m² große pharmazeutische Forschungslabor von Boehringer Ingelheim (S. 36, 37) hat eine »intelligent« verglaste Gebäudehülle, die mit acht verschiedenen Farben im Siebdruckverfahren bedruckt ist und aus drehbaren Lamellen besteht, die sich automatisch nach dem Sonnenstand ausrichten. Diese Lösung ermöglicht eine äußerst effizienti-

Photonics-Zentrum.
Aus der Entfernung wirken die Jalousien wie eine farbige Verglasung. Reflexionen erzeugen ungewöhnliche Muster, die durch die organische Form des Gebäudes noch verstärkt werden.

Photonics-Zentrum.
Durch die Raffjalousien entstehen im Inneren filigrane, abwechslungsreiche Lichtspiele, die sich von den bei Farbglas üblichen Effekten unterscheiden. Die Jalousien können von den Nutzern individuell eingestellt werden.

sche Regulierung, verleiht dem Gebäude das charakteristische Erscheinungsbild, das die Architekten angestrebt haben, und symbolisiert den innovativen Charakter der Forschung.

Für die Berliner Polizei- und Feuerwache (S. 38, 39) wählten die Architekten eine von Rot bis Grün reichende Farbpalette, die für den Übergang von Gefahr zu Sicherheit steht.

4 Boehringer Ingelheim, Pharmazeutische Forschungslaboratorien, Biberach, Deutschland, 2002. Die farbigen Glaslamellen, deren Ausrichtung zentral durch ein Gebäudemanagement-System gesteuert wird, bieten Sonnenschutz und zugleich ein ungewöhnliches Fassadenbild.

5 Boehringer Ingelheim, Pharmazeutische Forschungslaboratorien. Von den Büroräumen gesehen wirken die Farben auf den Glaslamellen, die aus gehärteten Glasscheiben mit einer Emaillebeschichtung im Siebdruckverfahren bestehen, dezent und weniger auffällig.

6 Boehringer Ingelheim, Pharmazeutische Forschungslaboratorien. Nachts wird die Fassade durch die bunte Farbzusammenstellung lebendig. Sie verleiht dem Gebäude starke Präsenz, die es auf dem Biberacher Campus unverwechselbar macht.

7 **Polizei- und Feuerwache**, Berlin, Deutschland, 2004. Die Glasscheiben sind auf der Rückseite mit durchscheinenden Punkten aus Emaillefarben bedruckt.

8 **Polizei- und Feuerwache**. Nachts ist das Gebäude am spannendsten, ein farbiger Flickenteppich aus Rot und Grün. Nur aus der Nähe bemerkt man die offenen Fugen zwischen den Glasscheiben.

9 **Polizei- und Feuerwache**. Die farbigen Glasscheiben wirken wie aufklappbare Lamellen, die zu 85 Prozent mit Punkten bedruckt sind. An anderer Stelle sind sie opak und dienen als Verkleidung.

BEHNISCH & PARTNER

Behnisch und Partner ist ein international tätiges Architekturbüro mit Niederlassungen in Stuttgart und den Vereinigten Staaten. Die für das Büro typischen Bauten zeichnen sich durch Transparenz, Leichtigkeit und Energieeffizienz aus.

Zentrales Element bei der Sanierung des Kurmittelhauses in Bad Elster nahe der tschechischen Grenze im Jahr 1999 war die farbig verglaste Schwimmhalle. Der etwa 22 x 22 m große Pavillon aus Stahl und Glas wurde in den Innenhof des Kurhauses eingefügt und bietet nun einen freien Blick auf die Jugendstil-Gebäude ringsum. Wände und Dach bestehen aus doppelschaligen Glasflächen, deren äußere als Wetterschutz dient. Die innere Dachhaut bilden farbig bedruckte Lamellen, die in Zusammenarbeit mit dem Berliner Künstler Erich Wiesner entworfen wurden; sie dienen je nach Jahreszeit als zweite Isolierglasschicht oder als Sonnenschutz. Gemäß dem Wetter ergibt sich so ein wechselndes Licht- und Farbenspiel. Die Lamellen sind an einer weißen Stahlkonstruktion befestigt, die auch die äußere Dachhaut trägt, und sie lassen sich verstellen, sodass Tageslicht und Sonneneinstrahlung reguliert werden können. Im Winter oder nachts bleiben sie vollständig geschlossen, im Sommer bei schönem Wetter offen. Die Oberseite der Lamellen ist aus Sonnenschutzgründen zu 45 Prozent weiß, die Unterseite hingegen mit bunten Farben bedruckt – Blau, Gelb, Grün und Rot. So ergeben sich farbliche Nuancen, die spielerische Reflexionen auf der Wasseroberfläche und auf den weißen Fliesen ringsum hervorrufen. Da das Glas als Decke dient, wurde aus Sicherheitsgründen gehärtetes Verbundglas verwendet.

1 **Kurbad**, Bad Elster, Deutschland, 1999. Die beweglichen farbigen Glaslamellen bilden einen heiteren Raumabschluss der großen Schwimmhalle und können je nach Jahreszeit verstellt werden.

2 **Kurbad.** Auf die Innenseite der Verbundglasplatten wurden verschiedene Rot-, Blau-, Grün- und Gelbtöne in verschiedenen Transparenzgraden gedruckt.

3 **Kurbad.** Das Wolkenmotiv auf den Lamellen wirkt täuschend echt, und so mancher Besucher wird es für vorüberziehende Wolken halten.

ME DI UM ARCHITEKTEN

Die Hamburger Architekten des Büros »me di um Architekten« hatten das Glück, mit einer Firma zusammenzuarbeiten, die seit Jahren Glas für Künstler herstellt. So konnten sie an deren Erfahrungsschatz teilhaben.

Mit der originellen Farbglasfassade der Zentralbibliothek Recht, eines Erweiterungsbaus des Rechtshauses der Universität Hamburg, schufen die Architekten ein innen wie außen vielseitiges Gebäude. Drei der Fassaden bestehen aus horizontalen Glasscheiben, von denen die Hälfte klar und die andere Hälfte in vier Farben von Gelb bis Bernsteinfarbe ausgeführt ist. Die farbigen Glasscheiben scheinen auf der Fassade willkürlich verteilt zu sein, doch ihre Anordnung ist sorgfältig geplant, um, wo nötig, abzuschirmen oder einzelne Ausblicke zu betonen und ein Arbeitsumfeld mit unterschiedlichen Stimmungen zu schaffen. Auf die Glasaußenseiten wurden horizontale und vertikale Linien eingeätzt, um die Transparenz der Verglasung zu reduzieren. So entstanden geschütztere Bereiche und spielerisch verteilte Ausblicke. Die verglaste, jedoch fensterlose Südseite wurde anders behandelt. Zusammen mit der ursprünglichen Bibliothek und einer Villa aus dem 19. Jahrhundert bildet die Südfassade den Abschluss eines städtischen Platzes. Die Glaswand wurde mit Motiven stilisierter Bäume in Grün und Gelb aufgewertet und erweitert so den Platz um einen »Park«. Das Hohlwandsystem der Fassade besteht aus zwei Schichten Glas im Abstand von 20 cm. Dadurch entsteht im Zwischenraum eine Wärmefalle, in der die warme Luft nach oben steigt. Die innere Glasschicht wurde mit sechs verschiedenen Grüntönen und einigen gelben Bändern bedruckt. Die sandgestrahlte äußere Schicht ist mit einem Muster natürlicher organischer Formen versehen. Die Kombination dieser beiden Glasschichten führt bei Sonnenschein auf der inneren Schicht zu Schattenspielen, die den Eindruck erwecken, Sonnenstrahlen fielen durch das Blätterwerk von Bäumen.

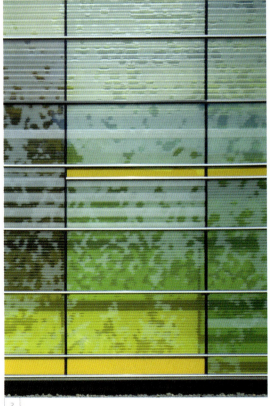

1 Zentralbibliothek Recht, Universität Hamburg, Deutschland, 2004. Die auf die äußere Schicht der doppelschaligen Südfassade gedruckten Baummotive werfen Schattenspiele auf die innere Verglasung.

2 Zentralbibliothek Recht, Universität Hamburg. Die opaken gelben Streifen kontrastieren mit den in sechs verschiedenen Grüntönen gehaltenen rechteckigen Glasscheiben, woraus sich ein raffiniertes Farbenspiel ergibt.

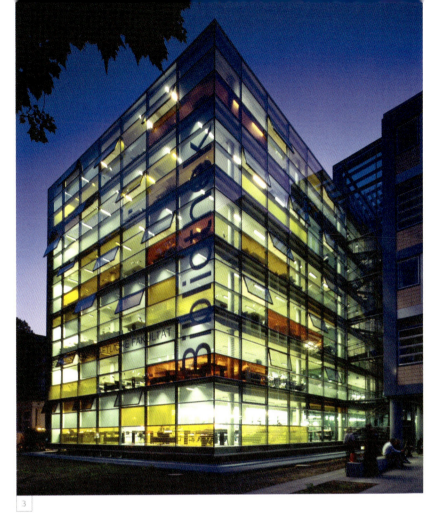

3 **Zentralbibliothek Recht, Universität Hamburg.** Die Straßenfassaden sind in frischen Farbtönen von Gelb bis Bernsteinfarbe gehalten. Nachts ist das Gebäude hell erleuchtet und zeigt damit an, dass es rund um die Uhr geöffnet ist.

4 **Zentralbibliothek Recht, Universität Hamburg.** Die bernsteinfarbenen Glasscheiben in Bodennähe wurden geätzt, um im Lesesaal eine geschützte Atmosphäre zu erzeugen. Die Fenster in Augenhöhe sind klar. Durch die Farbgestaltung sollte im Innenraum eine ruhige Atmosphäre erzeugt werden.

5 **Zentralbibliothek Recht, Universität Hamburg.** Die geätzten Farbglasscheiben gewähren gerade soviel Transparenz, dass Passanten die Studenten an den Tischen wahrnehmen können, ohne ihnen optisch zu nahe zu kommen.

FARBIGES VERBUNDGLAS

Verbundglas besteht aus mindestens zwei Glasschichten, die durch eine flexible Zwischenschicht aus Kunststoff, meist einer Folie aus Polyvinylbutyral (PVB), oder Harz miteinander verbunden sind. Dadurch wird sichergestellt, dass das Glas nicht in Stücke zerfällt, wenn es bricht. Die gängigen Herstellungsmethoden sind der Gießharzverbund und der Verbund von Glas und Folie unter Druck und Temperatur.

PVB zeichnet sich durch gute Haftung am Glas sowie durch hohe Transparenz und Lichtbeständigkeit aus. PVB-Folie kann aber auch farbig, transluzent oder opak sein. Das mechanische Verhalten von PVB bleibt in der fertigen Scheibe temperatur- und belastungsabhängig. Bis zu vier farbige Zwischenschichten aus PVB können gleichzeitig verwendet werden, sodass aus den Grundfarben ein breites Farbenspektrum zusammengestellt werden kann.

Mit farbigem Verbundglas lassen sich sowohl kräftige als auch zurückhaltende, ruhige Farben erzielen. Seit kurzem wird zudem vermehrt Ethylen-Vinyl-Acetat (EVA) eingesetzt. Dieses Material lässt einen viel flexibleren Verbund zu und ermöglicht modernste Gestaltungsvarianten. Es lassen sich verschiedene Materialien, einschließlich LED-Leuchten, zwischen den Verbundglasscheiben einschließen, und es können auch oberflächenbehandeltes Glas und sogar Photovoltaik-Zellen verwendet werden (siehe Glossar).

Zur Herstellung von Verbundglas-Scheiben mit Gießharzzwischenschicht wird die Randabdichtung, die gleichzeitig als Abstandshalter dient, auf die gereinigte Scheibe aufgebracht. Die zweite Scheibe wird aufgelegt und der entstandene Hohlraum mit Gießharz verfüllt. Für den Verguss kommen ein- und mehrkomponentige Harze zum Einsatz. Bereits seit Jahren ist es möglich, Gießharz zu färben. Damit kann man dem Verbundglas fast jede Farbe verleihen und es transparent oder transluzent machen. Die Anwendung von farbigem Gießharz ist jedoch nicht weit verbreitet, denn jedes daraus hergestellte Glasobjekt muss handgefertigt werden.

Kunstgalerie in Christchurch, Christchurch, Neuseeland, 2003, Größe: 100 x 15 m. Die Architektengemeinschaft The Buchan Group aus Melbourne baute diese lange, geschwungene und geneigte Wandskulptur aus 2500 zur Sonne gerichteten Glasscheiben. Die Scheiben sind mit elf verschiedenen Beschichtungen von unterschiedlichem Reflexionsvermögen versehen. Sie sind im unteren Bereich eher transparent, im oberen Bereich dagegen reflektieren sie mehr, und sie sind so angeordnet, dass sich ständig wechselnde Farbtöne ergeben.

FARBIGES VERBUNDGLAS 45

The Westin, Time Square, New York, USA, 2003. Entwurf: Arquitectonica. Für dieses Gebäude wurden 21 verschiedene Arten von Glasscheiben verwendet, in den Farben Kupfer, Gold und Rost, im Kontrast dazu auch in Silber, Blau, Purpurrot und Aquamarin. Sämtliche Glasscheiben reflektieren das Licht und unterstreichen so das Farbspektrum der monolithischen Wände.

RECHTS **Bürogebäude Maestro Nicolau**, Barcelona, Spanien, 2004. Entwurf: Fermin Vazquez vom Büro b720-Architekten. Die in zehn Abschnitten und 40 Reihen montierten Verbundglasscheiben, abgestuft von Rot zu Gelb, dienen als Sonnenschutz. Je höher das Gebäude, desto dichter sind die Glasscheiben angeordnet. Da Fensterrahmen fehlen, gehen die Farben nahtlos ineinander über. Obwohl die Farben von außen gesehen dominant sind – sie werden sogar auf den Fußweg vor dem Gebäude reflektiert – nimmt man sie im Inneren nur am Rande wahr.

DAVID ADJAYE

Mit Idea Store, der Bibliothek, die 2004 im Stadtteil Tower Hamlets im Londoner East End fertig gestellt wurde, entwickelte David Adjaye ein völlig neues Konzept für öffentliche Büchereien. Er nahm sich die Peckham-Bibliothek von Will Alsop (S. 48, 49) zum Vorbild und passte seinen Entwurf der Lage entlang einer Hauptstraße an. Wie die Peckham-Bibliothek ist auch Idea Store tagsüber unverwechselbar und dient nachts als Lichtobjekt. Für die beiden sichtbaren Fassaden verwendete Adjaye Farbglas, um das Gebäude einladend und transparent wirken zu lassen. Blickfang sind die 4,5 m hohen und 60 cm breiten Glasscheiben, die abwechselnd in Farben von Blau über Grün bis zu Gelb ausgeführt sind.

Das kleine, zweigeschossige Gebäude hat Adjaye mit einer Vorhangfassade versehen, die eher für große Bürogebäude üblich ist, und dann mit dem gefärbten Verbundglas noch Farbe ins Spiel gebracht. Von sechs Grundfarben kombinierte er zwei bis vier so, dass sechs verschiedene Farben entstanden. Ein weiterer Vorteil des verwendeten Farbglases besteht darin, dass es etwas bessere thermische Eigenschaften hat als Klarglas. Innen definiert das wechselnde Farbmuster den Raum und belebt den ansonsten langweiligen Ausblick auf einen Wohnhausturm. Die Entwurfsidee für Idea Store war, dem Gebäude nicht das Aussehen einer Bücherei, sondern eines Kaufhauses zu geben, um konsumorientierte Menschen anzuziehen. Ein wichtiger Bestandteil des neuen Entwurfs ist die optische Informationsvermittlung, was durch die transparenten Fassaden nicht nur ermöglicht, sondern auch unterstrichen wird. Adjaye hat mit der Farbverglasung ein passendes Konzept für eine öffentliche Bücherei gefunden, das er auch in dem zweiten Idea Store in Londons Whitechapel umgesetzt hat.

1 Idea Store (Bücherei), London, England, 2004. Nach Einbruch der Dunkelheit lassen die Farben das Gebäude zum Leuchtobjekt für Passanten werden.

2 Idea Store (Bücherei). Die farbige Verglasung dominiert den relativ nüchternen Innenraum nicht, lässt ihn vielmehr abwechslungsreich wirken und verleiht ihm einen gewissen Rhythmus.

3 Idea Store (Bücherei). Bei Tageslicht sieht man, wie der Baukörper durch die einfache, aber wirkungsvolle Farbgebung das Straßenbild bereichert.

ALSOP ASSOCIATES

In Großbritannien wurde die Peckham-Bibliothek in London bereits häufig publiziert. Der Architekt Will Alsop gewann damit nach der Fertigstellung im Jahr 2000 den angesehenen Stirling-Preis, woraufhin die Diskussionen, die seine Entwürfe häufig auslösen, wieder entbrannten. Die meisten Leute bevorzugen Gebäude, die fest im Boden verwurzelt scheinen. Alsops Gebäude hingegen sehen häufig aus, als würden sie sich gleich davonmachen, wenn man auf den Eingang zugeht, genau wie im Märchen »Alice im Wunderland«.

Bei der Peckham-Bibliothek setzt Alsop reflektierendes wie auch transparentes Farbglas ein, was dynamische Effekte ergibt. Die Nord- und Südfassade der Bücherei bestehen aus raumhohen, mehrfarbigen Glasscheiben. Tagsüber wirkt die gelbe Verglasung wie ein markantes Farbband. Nachts dagegen treten diese Scheiben in den Hintergrund, und das farbige Glas vor den Treppenhäusern und den hohen Räumen wird zum dominanten Merkmal. Innen wird der Lesesaal für Kinder durch verschiedene Farbabstufungen belebt.

Alsop hat für die Peckham-Bibliothek keine ausgeklügelte Farbwahl getroffen, sein Beitrag zum städtebaulichen Umfeld kommt eher einem Weckruf als einer ästhetischen Anregung gleich. Trotzdem erinnert sich jeder, der es einmal gesehen hat, an dieses Gebäude, es ist gut besucht und wird besonders in der Freizeit genutzt. Alsop wendet sich ohne Wenn und Aber gegen alles Passive, Laue und Seichte. Seine Gebäude sind Ausdruck einer ganz eigenen Philosophie, oder vielleicht Psychologie, die Reaktionen hervorruft und immer wieder aufs Neue inspiriert.

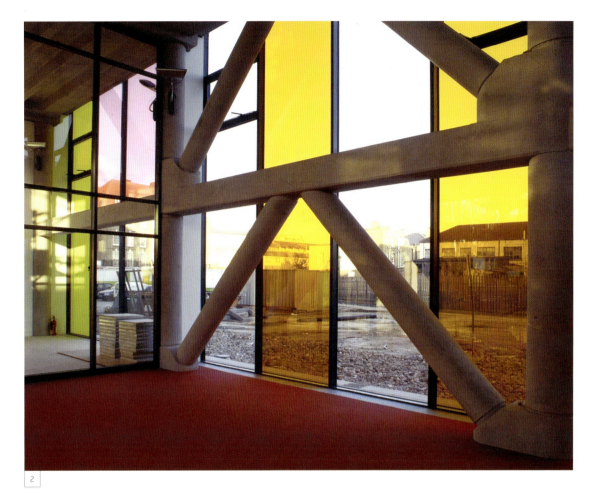

1 **Peckham-Bibliothek**, London, England, 2000. Bei Tageslicht wirkt die farbige Glasfassade wie eine abstrakte Komposition, in der sich die Nachbargebäude spiegeln.

2 **Peckham-Bibliothek**. Innenraumausschnitt. Die Bernstein-, Pink- und Gelbtöne auf diesem Bild sind auch in Abbildung 1 am unteren Abschnitt des Gebäudes zu sehen.

3 **Peckham-Bibliothek**. Im Laufe eines Abends verändert sich die Farbzusammenstellung in dem Maße, in dem die undurchsichtige Fassadenverkleidung verblasst (siehe das gelbe vertikale Band rechts in Abbildung 1) und die hinterleuchteten Glasscheiben hervortreten.

BRUNETE FRACCAROLI

Die brasilianische Architektin Brunete Fraccaroli ist bekannt für ihren mutig freien Umgang mit Glas und Farben. Sie beschäftigt sich häufig mit Freizeit- und Gastronomieprojekten und setzt dabei kraftvolle Farben ein. Bisweilen verwendet sie farbiges Verbundglas und zaubert damit aus glatten Oberflächen fließende, geschwungene Formen.

Das hier gezeigte japanische Grill-Restaurant in Brasilien entstand auf einem älteren Anwesen. Der Innenraum sollte bequem sein und sich zugleich zum Außenraum hin öffnen. Anstelle eines klassischen Wintergartens oder der modernen Version eines Atriums fand Fraccaroli eine ungewöhnliche Lösung. Sie stützte das breit verglaste und schräg bis zum Boden verlaufende Dach, das die Nordfassade bildet, mit großen Stahlträgern ab. Die Träger hat sie nicht als rein statische Elemente behandelt, indem sie zum Beispiel deren Oberflächen unverändert gelassen hätte, sondern sie überzog sie mit einer purpurfarbenen, spiegelnden PVB-Verkleidung, um die Aufmerksamkeit der Gäste darauf zu lenken.

Durch diesen gewagten Entwurf sind die Träger weder einfach auf ihre statische Funktion reduziert, noch lenken sie, beispielsweise durch eine Verkleidung mit weißen Gipsplatten, von der Glasfassade ab. Sie stellen ein zentrales, form- und farbgebendes Raumelement dar und bilden mit dem klaren Glasdach eine harmonische Einheit.

Im Kontrast zu den spitzen Winkeln und den nüchternen, verspiegelten Stahlträgern wurden sämtliche Möbel aus unbehandeltem Holz gefertigt und darauf weiche Kissen verteilt. Als Fußbodenbelag dienen Keramikfliesen.

Um die Raumwirkung noch zu erhöhen, stellte Fraccaroli an der Rückwand der Bar 750 Glasflaschen auf, die mit einer purpurfarbenen Flüssigkeit gefüllt sind. Nachts werden die Flaschen mit Glasfaser-Lichtquellen beleuchtet und erzeugen durch die Spiegelung in den schrägen Glasflächen einen sanften Glüheffekt.

1 **Japanisches Grill-Restaurant**, Sao Paolo, Brasilien, 2004. Die großen, farbig verspiegelten Träger sind zentraler Bestandteil des Gastraums.

2 **Japanisches Grill-Restaurant**. Aus der Nähe besehen wirken die Träger durch ihre spiegelnde Glasoberfläche weniger wuchtig.

Japanisches Grill-Restaurant. 750 mit purpurroter Flüssigkeit gefüllte Glasflaschen runden die Innenraumgestaltung ab.

JAMES CARPENTER

James Carpenter arbeitet vornehmlich an der Schnittstelle zwischen Architektur, Glas und Kunst. Er begann als Student der Bildhauerei und Glaskunst und wurde dann Lehrer. Später war er als Gastkünstler bei Corning Glass tätig, bevor er sich schließlich Steuben Glass, einer auf Ornament- und Formglas spezialisierten Abteilung von Corning, anschloss. Mit der Arbeit für einen führenden Glashersteller und mit der gleichzeitigen Verfolgung seiner eigenen bildhauerischen Interessen entwickelte Carpenter ein ungewöhnliches Verständnis für die Techniken der Glasherstellung und zugleich eine außergewöhnliche künstlerische Sensibilität für die ästhetischen Ideale der Architektur.

Ende der 1970er Jahre gründete Carpenter sein Atelier »James Carpenter Design Associates«. Seither wird er häufig zu größeren Architekturprojekten hinzugezogen, bei denen gerade seine Verbindung von Vision, Talent, Wissen und Erfahrung benötigt wird.

1 **Moiré-Treppenturm**, Deutsche Post, Bonn, Deutschland, 2002. Das Muster auf den Verbundglaswänden besteht aus auf der Innenseite blauen, zum Treppenhaus gerichteten Rechtecken.

2 **Moiré-Treppenturm**. Ein Treppenabsatz führt zu einem Balkon, von dem man auf die Landschaft und den Rhein schauen kann. Der Ausblick wird von dem Gittermuster mit seinen optischen Effekten gerahmt.

3 **Moiré-Treppenturm**. Von außen betrachtet lösen viele gleichmäßig verteilte Spiegel die Umgebung und den Himmel in Tausende winzige Einzelbilder auf.

4 **Moiré-Treppenturm**. Aufgrund des dreieckigen Grundrisses spiegelt sich jede Fassade in der angrenzenden wider, was vielfältige Muster erzeugt, die sich überlagern und wechselseitig beeinflussen.

Der Moiré-Treppenturm der Deutschen Post ist ein klassisches Carpenter-Projekt. Unter der Leitung seines Chefdesigners und langjährigen Partners Richard Kress wurde der kleinere, dreigeschossige Anbau an die 240 m hohe Zentrale des Chicagoer Architekturbüros Murphy Jahn zu einer gewaltigen »Dauer-Kunstinstallation«. Das Gittermuster auf den drei Glasfassaden besteht aus kleinen Quadraten, die außen verspiegelt und innen hellblau beschichtet sind. Von außen gesehen wirken diese unzähligen winzigen Spiegel in der Sonne wie ein funkelndes Bildmotiv, das sich ständig leicht bewegt. Im Innenraum ergibt sich ein surrealer Eindruck: Die Trittstufen der Treppe sind aus Glas, und das Gittermuster an der Fassade verliert sich in perspektivischen Fluchtlinien, scheint jedoch zugleich mit den Projektionen der angrenzenden Fassade zu verschmelzen. So entsteht ein riesiges Moiré-Muster in verschiedenen Blautönen, in das man vollkommen eintaucht – eine Kunstinstallation, die ihresgleichen sucht.

TERRY FARRELL PARTNERSHIP

Londons neues Innenministerium, gebaut von Terry Farrell, beherbergt viele Kunstobjekte, doch am auffälligsten sind die farbigen Glaselemente an der Fassade. Der Architekt entwickelte für das Gebäude ein ausgefeiltes Kunstkonzept, zu dem auch die raumhohen Vitrinen entlang der Straße gehören, die sich als Ausstellungsfläche für Kunstwerke eignen. Die gesamte Gebäudehülle besteht einschließlich der Verkleidungen aus Glas. Da das britische Innenministerium als Bauherr fungierte, wurde das Amt für Kultur, Medien und Sport zur Auswahl des für die Verglasung zuständigen Künstlers hinzugezogen. Den Zuschlag erhielt der in der Vergangenheit bereits für den Turner-Preis nominierte Liam Gillick, da sich seine Werke durch Transparenz und Farbenpracht auszeichnen und er seine Teamfähigkeit bereits bei früheren Projekten unter Beweis gestellt hatte. Entlang der Dachkante und der straßenseitigen Fassade war ursprünglich ein Vordach aus Beton vorgesehen; Gillick schlug jedoch ein Vordach aus Glas vor. Die notwendige Öffnung für die Kabine der Fensterreinigungsanlage betrachtete der Künstler nicht als Hindernis, sondern als Gestaltungsmöglichkeit: Die vertikalen Glaselemente verbergen die Schienenführung und erzeugen zugleich wechselvolle farbliche Spiegelungen. Tagsüber werden durch das Vordach farbige Streifen auf den Straßenbelag projiziert. Gillick schlug vor, auch die Seitenwände der Glasvitrinen farbig zu gestalten, um sie von innen wie von außen zu betonen. Die Vitrinen kommen nachts am besten zur Geltung, wenn die Innenraumbeleuchtung die kräftigen Farben zum Leben erweckt.

Gillick bediente sich nicht der Glasmalerei, um das Gebäude und das Straßenbild durch Farbe aufzuwerten. Sein Entwurf ist viel einfacher und preiswerter – ein gutes Beispiel für die gelungene Zusammenarbeit zwischen Künstler und Architekt.

1 Innenministerium, London, England, 2005. Das leuchtend bunte Vordach aus Glas, entworfen in Zusammenarbeit mit dem Künstler Liam Gillick, hebt das ansonsten eher unauffällige Gebäude im Straßenbild hervor.

2 Innenministerium. Das farbige Glasvordach besteht aus horizontalen und vertikalen Glasscheiben, die das Licht in unterschiedlicher Weise auf die Fassade, den Fußweg und sogar auf nahe gelegene Gebäude reflektieren.

3 Innenministerium. Die Vitrinen im Erdgeschossbereich werden durch vertikale Scheiben aus vielfarbigem Glas gerahmt. Tagsüber wie nachts erzeugen sie eine helle, heitere Atmosphäre.

HAL INGBERG

Nur wenige Architekten arbeiten an der Schnittstelle zwischen Kunst und Architektur derart konsequent wie der in Montreal geborene Hal Ingberg. Er studierte in seiner Heimatstadt und in Los Angeles, arbeitete in London und gewann den kanadischen Prix de Rome. 1999 eröffnete er sein eigenes Architekturbüro. Durch den spielerischen Umgang mit Farbe, Reflexionen und Transparenz gelingen Ingberg dynamische und vieldimensionale Werke, die zwischen Bildhauerei und Architektur angesiedelt sind.

Im Jahr 2003 zeigte Ingberg beim Internationalen Gartenfestival in Quebec seine Landschaftsinstallation »Coloured Reflections« (S. 58, 59). Er stellte in einem Wald große, grüne, halbreflektierende Glasscheiben auf, die den Blick auf die Bäume dahinter rahmten beziehungsweise als Projektionsfläche für die Bäume davor dienten. Dadurch erzeugte er eine raffinierte Überlagerung von Realität und Reflexion, die vom Publikum außergewöhnlich gut aufgenommen wurde. Für die Biennale in Montreal im Jahr 2004 schuf Ingberg »Beacon«, einen goldenen Glasturm, bei dem er auch mit Reflexion und Transparenz spielte.

Ingberg wurde als beratender Architekt an der Renovierung und Erweiterung des Palais des Congrès in Montreal, des Kongresszentrums der Stadt, beteiligt. Sein gewagter Vorschlag, für die Fassade transparente, vielfarbige Glasscheiben zu verwenden, wurde kontrovers diskutiert, setzte sich aber durch. So entstand ein städtisches Wahrzeichen, das sein unmittelbares Umfeld in farbiges Licht taucht, die Blicke auf sich zieht und sich als ein pulsierender Mittelpunkt des städtischen Lebens präsentiert.

Ingbergs andere Projekte stehen in Kontrast zu diesem spektakulären und belebten Kongresszentrum; sie wirken heiter dank der sorgfältigen Farbwahl und scheinen aufgrund der spiegelnden Glasoberflächen mit ihrer Umgebung zu verschmelzen.

1 Kongresszentrum, Montreal, Kanada, 2003. Die kräftigen Farben verleihen dem Gebäude eine klare Identität und beleben das Viertel zwischen dem historischen Zentrum und der Innenstadt.

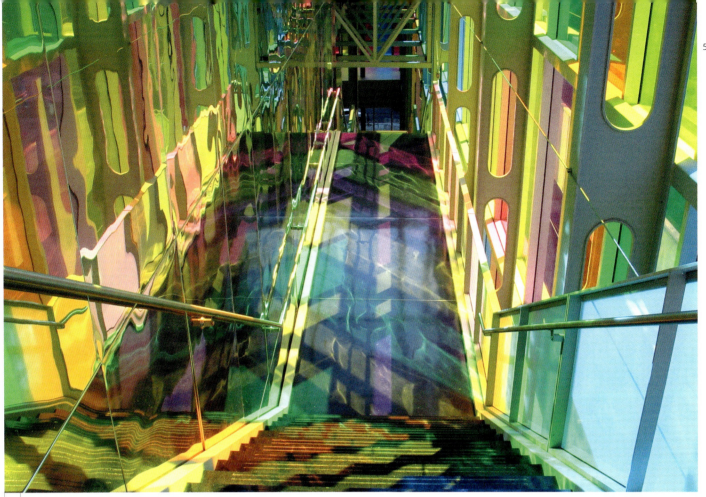

Kongresszentrum. In einem Verbindungsgang erzeugt transparentes Farbglas zusammen mit verspiegelten rostfreien Stahlelementen kaleidoskopartige Spiegelungen. Unabhängig von den herrschenden Lichtbedingungen – ein Gang durch das Gebäude ist immer ein Erlebnis.

Kongresszentrum. Die farblichen Projektionen sind das Markenzeichen dieses großen städtischen Baus, in dem ein Ausstellungsbereich und Einzelhandelsgeschäfte untergebracht sind.

58 FARBIGES VERBUNDGLAS

4 **»Farbspiegelungen«** (Installation), Reford Gardens, Grand-Métis, Quebec, Kanada, 2003. Die in Triangelform errichteten, reflektierenden grünen Glasscheiben lassen die Spiegelungen des Waldes mit der Wirklichkeit verschmelzen.

5 **»Farbspiegelungen«**. In das Glasdreieck, das einen Bereich mit drei Birken umschließt, kann man hineingehen und von innen den außerhalb liegenden Wald betrachten.

6 **»Farbspiegelungen«**. Je nach Tageszeit, Licht und Sonneneinfallswinkel verändert sich das Glas kontinuierlich von spiegelnd bis transparent, manchmal scheint es gar zu verschwinden.

7 **»Farbspiegelungen«**. Die Installation hatte einen hohen Überraschungseffekt, sie wirkte wie eine geheimnisvolle Sinnestäuschung. Bei den Besuchern des Gartenfestivals war sie ausgesprochen beliebt.

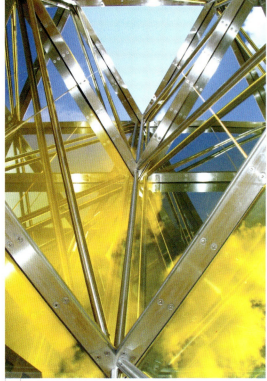

HAL INGBERG 61

[8] **»Beacon«** (Installation), Montreal, Kanada, 2004. In den Glasscheiben spiegeln sich die Wolken am Himmel. Je nach Betrachtungswinkel wirkt die Installation unterschiedlich groß.

[9] **»Beacon«**. Blick von innen. Bei wolkenbedecktem Himmel wird das Glas zu einem opaken Spiegel, bei Sonnenschein zeigt sich die golden gefärbte Stadtlandschaft auf der Außenhaut.

[10] **»Beacon«**. Die Installation reflektiert spielerisch die Passanten und ihre Umgebung und ermuntert die Besucher dazu, den öffentlichen Platz zu genießen und zu erforschen.

[11] **»Beacon«**. Der 6,4 m hohe, dreieckige Turm, der aus teilweise reflektierenden goldenen Glasscheiben besteht, steht auf einem Sockel am Fuße einer Freitreppe auf Montreals Place des Arts.

GLAS MIT FOLIENBESCHICHTUNG

In der Bauwirtschaft wird folienbeschichtetes Glas schon seit Jahren als Sicherheitsglas, Verbundglas und Sonnenschutzglas eingesetzt. Die Technik, Glas dauerhaft mit Folien zu beschichten, ist ausgereift und wird routinemäßig eingesetzt.

Mittlerweile ist es auch weit verbreitet, Folien digital zu bedrucken, und seit neuestem ist es sogar möglich, wenn auch nicht alltäglich, Folien weiß zu bedrucken. Doch das in der Verwendung der Folien steckende Potential wird bislang kaum genutzt, geschweige denn ausgeschöpft. Dies mag an der Befürchtung liegen, das Material könnte zu schnell verschleißen, und zum Teil auch daran, dass Architekten diese Art von Detailausbildung häufig nicht als Teil ihrer Aufgabe verstehen.

Die Möglichkeiten des Einsatzes von Folien sind jedoch ungeheuer vielfältig. Einer der größten Vorteile liegt in ihrer flexiblen Anwendbarkeit. Da das Material nicht teuer ist, gelingt häufig eine preiswerte Neugestaltung von Räumen, ohne dass Umbauten nötig sind. Gerade im Bürobereich, der heute einem zunehmend raschen Wandel unterworfen ist, kann diese Art von Flexibilität von großem Nutzen sein. Neben farbigen und digital bedruckten Folien gibt es auch die dichroitischen Folienbeschichtungen, die hier gezeigt werden. Obwohl derartige Folien leicht erhältlich sind, sind solche mit optimalen Hafteigenschaften auf Glas schwer zu finden. Die Verpackungs- und Einzelhandelsindustrie bedient sich mittlerweile solcher Folien, für den Glasbereich werden sie jedoch nicht mehr hergestellt. Das könnte sich allerdings auch wieder ändern. Folienbeschichtungen auf Glas wirken manchmal ungewöhnlich, was so manch einem Durchschnittsplaner oder -verbraucher nicht ganz geheuer sein mag.

Holmes Place Lifestyleclub, Köln, Deutschland, 2002. Architekten: ORMS Architekten. Folienbeschichtungen sind erstaunlich haltbar. Diese Schiebetüren wurden durch das einfache Aufbringen von transparenten gelben Klebefolien zu markanten Raumelementen.

GLAS MIT FOLIENBESCHICHTUNG 63

UNTEN LINKS **Holmes Place Lifestyleclub, Köln**. Bei Sonnenlicht bildet die geätzte Folienbeschichtung einen gewissen Raumabschluss und dämpft den Lichteinfall, die Farbbeschichtung hingegen wirft helle Farbstreifen auf die weißen Wandflächen.

OBEN **Holmes Place Lifestyleclub, Köln**. Von außen betrachtet wird die Bedeutung der gelben und blauen Folienbänder als bestimmendes gestalterisches Element besonders deutlich.

UNTEN RECHTS **Holmes Place Lifestyleclub, Wien**, Österreich, 2001. Architekten: ORMS Architekten. Die Fensterscheiben sind sowohl mit transparenten als auch mit geätzten Folien beschichtet.

UN STUDIO

Im Jahr 2004 stellte das niederländische Architekturbüro UN Studio zwei sehr unterschiedliche Projekte fertig: ein modernisiertes Einkaufszentrum in Seoul, Südkorea, und einen neuen Bürokomplex in Almere, Holland. Beide Gebäude sind wegen ihrer mit dichroitischen Folien beschichteten Glasfassaden zum Blickfang geworden. Die kühne Farbgebung verleiht den Gebäuden ein charakteristisches Erscheinungsbild, das sich je nach Tageszeit und Blickwinkel verändert. Für die Verkleidung der Fassade des Bürokomplexes La Defense in Almere wurden Elemente aus zwei Glasscheiben, zwischen die dichroitische Folien gelegt sind, verwendet. Dadurch entstand im Innenhof des 23 000 m² großen Komplexes ein wahres Farbenmeer. Die Elemente dienen als Verkleidung wie auch als Fenster. Die Verkleidung neigt zum Spiegeln, wodurch sich die roten und goldenen Farbtöne ergeben. Die Fenster hingegen erscheinen dem Betrachter je nach Blickwinkel in Farben, die von dem überwiegend transparenten Tiefblau über Purpurrot bis zu Karmesinrot reichen. Dadurch entsteht im Innenhof ein farbenfrohes Schattenspiel, während die Büroräume im Gebäude in diffuses Farblicht getaucht sind.

Im Zuge der Modernisierung des exklusiven Einkaufszentrums »Galleria« in Seoul verkleideten die Architekten das gesamte Gebäude mit 4 330 Glasscheiben, indem sie jede einzelne an eine separate metallene Unterkonstruktion an der bestehenden Fassade montierten. Jede der mit einer Leuchtdiode hinterleuchteten Scheiben hat einen Durchmesser von 85 cm und besteht aus zwei Lagen sandgestrahlten Verbundglases mit einer eingelegten dichroitischen Folie. Tagsüber leuchten die Scheiben je nach Lichtverhältnissen in blassen Farben von Grün bis Bernsteinfarben. Nachts »rollen« wechselnde Farben über die Fassade – ermöglicht durch die computergesteuerten Leuchtdioden. Dieses Lichtkonzept wurde in Zusammenarbeit mit Arup Lighting entwickelt.

1 **Bürogebäude La Defense**, Almere, Niederlande, 2004. Das Modell des Gebäudes hilft, die Abbildungen 2 bis 5 zu einzuordnen. Die spannende Farbgestaltung mit dichroitischen Folien ist auf den Innenhof des Bürokomplexes beschränkt.

2 **Bürogebäude La Defense**. Betrachtet man eines der Gebäude direkt von vorne, wird deutlich, dass die als Fassadenverkleidung verwendeten Glaselemente Gold- und Rottöne reflektieren. Als Fenster dienende Glasscheiben lassen dagegen, von innen beleuchtet, blaues Licht durchscheinen.

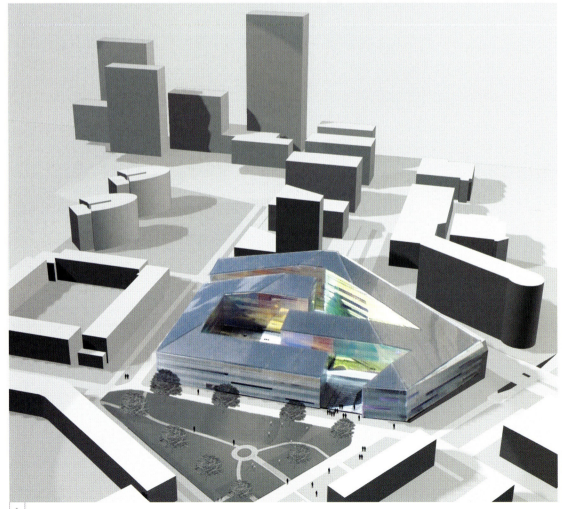

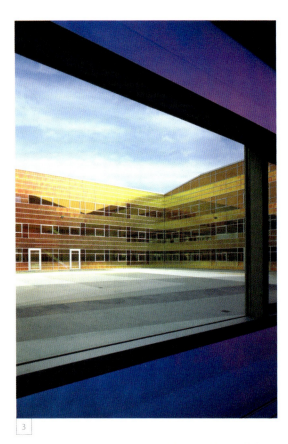

3 Bürogebäude La Defense. Von innen sieht man über den Hof auf die gegenüberliegende Seite, die Grün- und Goldtöne widerspiegelt. Die Verglasung, durch die man auf dem Bild schaut, erscheint dagegen bei Tageslicht aus diesem Blickwinkel violett.

4 Bürogebäude La Defense. Nachts erscheint die Glasverkleidung fast farblos, nur die hinterleuchteten Glaselemente schimmern je nach Blickwinkel blau bis purpurrot.

5 Bürogebäude La Defense. Die miteinander verzahnten Gebäudeteile erzeugen optisch zusammenlaufende Diagonalen und Winkel, die das Farbenspiel der Fassaden noch verstärken.

6 **Galleria Hall West**, Seoul, Korea, 2004. Die 4330 Glasscheiben, bestehend aus jeweils zwei Lagen Glas mit dazwischen gelegten dichroitischen Folien, sind auf eine Aluminiumkonstruktion montiert.

7 **Galleria Hall West**. Tagsüber reflektieren die geätzten Oberflächen der Scheiben das Licht in bunt schillernden Farben.

8 **Galleria Hall West**. Nachts wird jede Glasscheibe mit einer zentral gesteuerten Leuchtdiode hinterleuchtet. So können verschiedene Effekte erzielt und Muster über die gesamte Gebäudehülle gezaubert werden.

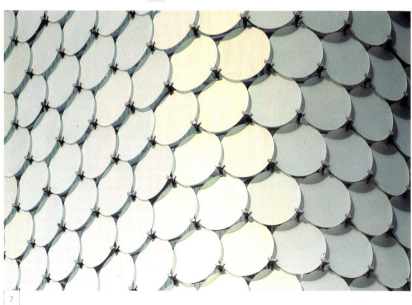

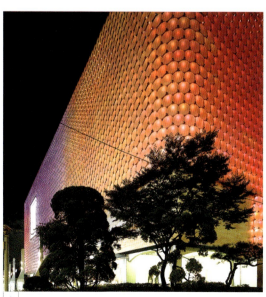

NIALL MCLAUGHLIN ARCHITEKTEN

Niall McLaughlin ist von Licht fasziniert, weil man es, wie er sagt, »sieben, zerstreuen, speichern, färben, reflektieren, mildern und seine Geschwindigkeit ändern« kann. Es überrascht daher nicht, dass er vor kurzem die Möglichkeiten von Folienbeschichtungen in zwei Projekten ausgelotet hat – zum einen an der Fassade eines Sozialwohnungsbaus für den Peabody Trust, zum anderen bei einem Innenraumprojekt in Londons Covent Garden.

Auf einem ehemaligen Industriegelände in Ost-London baute McLaughlin einen Apartmentblock mit zwölf Wohneinheiten. Sein Entwurf bestand aus einer Reihe von »Kisten« mit einer preiswerten Industrie-Blechverkleidung. Die zur Straße weisende Südfassade der dreigeschossigen Gebäude ist mit maßgefertigten Elementen verkleidet, die aus Aluminium und Gussglas mit dazwischen gelegten dichroitischen Folien bestehen. Die in Dublin vorgefertigten dreifach verglasten Einheiten bestehen aus einer Außenhaut aus gewalztem Glas, einer zweiten Schicht aus horizontalen Polycarbonatstreifen mit dichroitischer Folienbeschichtung und einem rückwärtigen Aluminiumpaneel mit einem weiteren dichroitischen Überzug, der von der vorderen Folie abgesetzt ist. Durch die wechselnde Lage der Folien innerhalb des Glaselements wird das Spektrum der Farben, die durch die vordere Schicht aus gewalztem Glas gefiltert werden, vervielfältigt. Dies erzeugt ein Schimmern auf der Fassade, das sich je nach Tageszeit und Wetter verändert. Von innen ist dieser Effekt nicht zu sehen, denn die Rückseite der Elemente ist undurchsichtig.

Für die Büros einer psychologischen Beratungsstelle verwendete McLaughlin feste und verschiebbare Glasscheiben mit einer digital bedruckten Folienbeschichtung, um Zurückgezogenheit zu ermöglichen, während Licht in die Mitte des Grundrisses fallen kann. Die einseitig auf das Glas geklebte Folie ist transparent und mit vertikalen zitternden Linien bedruckt, die an geglättete und sich

1 **Wohnanlage Peabody Trust Silvertown**, London, England, 2004. Je nach Tageszeit reflektieren die Fassaden das Licht auf unterschiedliche Weise und zaubern so eine geheimnisvolle Himmelsoptik auf die Fassade.

verzahnende Sinuskurven erinnern. McLaughlin wollte die Trennwände wirken lassen, als »sprudelten« sie dynamisch, wenn die verschiedenen Farben und Muster sich überlagern. Die Beleuchtung sorgt für ein dezentes Farbenspiel im Innenraum.

2 Wohnanlage Peabody Trust Silvertown. Die preiswerten dichroitischen Folien lassen die Sozialwohnungen frisch und modern aussehen. Besonders reizvoll ist, dass sich das äußere Erscheinungsbild ständig verändert.

3 Wohnanlage Peabody Trust Silvertown. Da die Folienstreifen in den Glaselementen unterschiedliche Abstände zur äußeren Glasoberfläche haben, entstehen in der Fassade scheinbar glühende Farbbänder.

 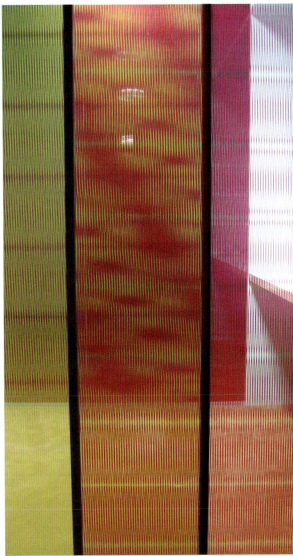

4 **YSC Ltd.**, Floral Street, Covent Garden, London, England, 2005. In der psychologischen Beratungsstelle lassen die mit Folien beklebten Glasschiebeelemente eine flexible Nutzung des Raums zu.

5 **YSC Ltd.** Wenn die farbigen Glasscheiben voreinander geschoben werden, entstehen verschiedene Farbkombinationen, die den sonst eintönigen, innen liegenden Flur beleben.

6 **YSC Ltd.** Die verwendeten Farben sind so intensiv, dass sie sogar die angrenzenden Arbeitsbereiche, die je nach Bedarf individuell abgeteilt werden können, beleben.

7 **YSC Ltd.** Die leicht »zitternden« Linien auf den Klebefolien lassen die farbigen Scheiben dreidimensional wirken und erinnern an Op-Art.

GLASKUNST UND ARCHITEKTUR

GLASKUNST

Künstler gehen an den Entwurf eines Glasobjekts grundsätzlich anders heran als Architekten. Meistens besteht ihre Aufgabe darin, ein besonderes Detail zu entwerfen oder die Wirkung einer Raumbegrenzung zu bestimmen. Architekten hingegen möchten mit Glas eher das Gesamtbild eines Gebäudes bestimmen.

Fünf grundlegende Techniken werden hier behandelt, zwei mehr als im Abschnitt »Architektur und Glas«. Die Künstler, deren Arbeiten als Beispiele für diese Techniken gezeigt werden, verwenden je nach Projekt etwa emaillebedrucktes Glas oder laminiertes Antikglas, andere arbeiten mit einer Kombination beider und stellen Objekte aus Schmelzglas oder sandgestrahltem Glas her. An der Vielfalt der gezeigten Projekte lässt sich der Wandel, den die Glaskunst in den letzten Jahren erfahren hat, deutlich erkennen.

Weltweit haben sich einige größere Ateliers auf die Herstellung von Glaskunstobjekten spezialisiert. Sie waren federführend bei der Entwicklung neuer Techniken, erweiterten ihre Anlagen, stellten neue Technologien zur Verfügung und bestimmten so die rasche Entwicklung in diesem Bereich mit. Manche Künstler allerdings behalten lieber die Kontrolle über den gesamten Arbeitsablauf. Sie konstruieren die benötigten Anlagen selbst und leiten Mitarbeiter an, um ihre Entwürfe in der eigenen Fabrik oder Werkstatt herstellen zu können. Zunehmend werden auch Künstler mit wenig oder gar keiner Erfahrung im Umgang mit dem Material beauftragt, Glaskunstobjekte zu entwerfen. Doch dies ist kein Phänomen der heutigen Zeit: Auch Joshua Reynolds, Frank Lloyd Wright, Edward Burne-Jones, Antonio Gaudí, Josef Albers, Henri Matisse, Marc Chagall und John Piper haben Glasfenster entworfen. Für sie war Glas eines der überzeugendsten Materialien, mit denen sie je gearbeitet hatten. Chagall erklärte mit neunzig Jahren, er sei nur deshalb so alt geworden, weil er erst mit etwa siebzig begonnen habe, mit Glas zu arbeiten. Glas unterscheidet sich grundlegend von anderen Materialien, denn es wirkt zusammen mit Licht. Und was ist wichtiger für die ästhetische Wirkung eines Kunstobjekts als Licht?

VORHERGEHENDE SEITE **Greenwood Bücherei**, Seattle, Washington, USA, 2004. Künstlerin: Fernanda d'Agostino. Die auf Installationen spezialisierte Künstlerin arbeitet mit Videos, Bronze, Stein und Glas. Das Fenster ist doppelt verglast. Auf beide Glasschichten wurden Emaillefarben aufgebracht, wodurch die Bilder vor dem Hintergrund zu schweben scheinen.

LINKS **Synagoge**, Jerusalem, Israel, 2002. Künstlerin: Mira Maylor. Das Detail zeigt die Oberflächenstruktur von heiß verformtem Glas. Die Glasscheibe wurde zusätzlich mit kalten Farben bemalt.

RECHTS **»Vision's Nucleus«**, privates Wohnhaus, New York, USA, 2001. Künstler: Eric Hilton. Die Oberflächenornamente dieses Glasobjekts wurden durch Sandstrahlen eingraviert. Das Objekt ist typisch für die Arbeit des Künstlers, der aus Flachglas dreidimensionale Formen herausarbeitet und farbiges Glas in Kontrast zu einem weißen Umfeld einsetzt.

GLASKUNST 75

LINKS **Baker McKenzie Corporate HQ**, London, England, 2003. Künstler: Graham Jones. Detail einer großen Glasscheibe, auf die im Siebdruckverfahren Emaillefarben aufgebracht wurden. Dazu wurde das Glas geätzt, und auf die Oberfläche wurden grüne und gelbe Antikglasstücke geklebt.

RECHTS **Leif Höegh & Co Corporate HQ**, Oslo, Norwegen, 2005. Künstler: Espen Tollefsen. Das Motiv der digital bedruckten Folie auf der gläsernen Bürotrennwand ist von beiden Seiten sichtbar.

EMAILLEFARBEN AUF GLAS

Der Begriff »Farbglas« wird heutzutage häufig mit Bleiglas assoziiert. Er bezieht sich jedoch lediglich auf das Färben von Glas. Nach dem Bemalen mit Emaillefarben wird das Glas gebrannt, sodass die Farben Teil des Glases werden. Dieser Prozess war über Jahrtausende zentraler Bestandteil der Herstellung von Farbglas.

Im Folgenden wird beschrieben, wie und warum viele Künstler vom Bleiglas und auch vom mundgeblasenen Farbglas abgekommen sind. Sie malen zunehmend mit Emaillefarben auf Floatglas, damit die Glasscheibe nach dem Brennvorgang als Standardelement einer Structural-Glazing-Fassade verwendet werden kann, einer tragenden geklebten Verbindung zwischen Glas und Rahmen.

Emaillefarben stellen bestimmte Anforderungen an den Brennprozess, was dieses Verfahren von anderen Arten der Farbapplikation unterscheidet. Es gibt drei grundlegende Methoden: Emaillefarben können aufgemalt, aufgespritzt oder per Siebdruck aufgebracht werden. Für jede dieser Methoden gibt es viele technische Kniffs, mit denen Kunsthandwerker und Künstler unterschiedlichste Wirkungen erzielen können.

Emaillebeschichtungen auf Glas können transparent oder opak sein. Transparente Farben werden seltener verwendet, denn sie sind empfindlich gegen Hitze, Brenndauer und sogar gegen Feuchtigkeit. Sie werden jedoch gerne auf geätztem Glas aufgetragen, denn dort haben sie starke Leuchtkraft und das Glas wirkt eher transluzent als transparent.

Seit einigen Jahren verwenden Architekten Glasfritte (S. 20, 21). Emaillebeschichtetes Glas besteht aus demselben Material, was das gegenseitige Verständnis von Architekten und Künstlern trotz unterschiedlicher Ansätze fördert und die Zusammenarbeit vereinfacht.

OBEN »Symfonia«, Universitätsklinik in Oslo, Norwegen, 2000, 8 x 20 m. Künstler: Odd Tandberg. Das Fenster ist doppelt verglast. Die Innenseite der äußeren Glasscheibe wurde mit transparenten Emaillefarben bedruckt (Siebdruck).

GEGENÜBERLIEGENDE SEITE, OBEN LINKS Eingang zum James Cook Universitätskrankenhaus, Middlesbrough, England, 2002. Künstlerin: Bridget Jones. Die doppelt verglasten Scheiben wurden mit Emaillefarben bedruckt (Siebdruck), zusätzlich wurden abstrakte Muster eingeätzt.

EMAILLEFARBEN AUF GLAS 77

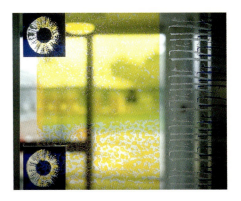

OBEN RECHTS **Eingang zum James Cook Universitätskrankenhaus**. Sämtliche behandelten Oberflächen einschließlich der Seeigel befinden sich auf den Innenseiten der Glaseinheiten, was die Reinigung erleichtert.

»Time & Tides«, 22. St.-Bayonne-Haltestelle, New Jersey, USA, 2004. Künstler: Kenneth Leap. Insgesamt wurden 15 Glasscheiben aus gehärtetem Glas mit einer Dicke von 12 mm in mehreren Farben und Schichten mit Motiven aus der Stadt bedruckt (Siebdruck), wobei auch Streifen aus dichroitischem und geschliffenem Glas Verwendung fanden.

»Aqua«, Botschaft von Kuwait, Ottawa, Kanada, 2001. Künstlerin: Sarah Hall. Auf die sandgestrahlte Glasscheibe wurden Emaillefarben aufgemalt und aufgespritzt. Das so entstandene Motiv erinnert in Farbe und Textur an ein tropisches Küstengewässer.

MARTIN DONLIN

Martin Donlin schloss sein Studium an der Swansea Architectural Glass School im Jahr 1987 ab. Ausgebildet als Farbglaskünstler übernahm er bald auch Aufträge, für die Floatglas eine Rolle spielte – Geländer, raumhohe Spiegel, flache Trennwände und gerundete Glasvordächer.

Seit seiner ersten großen Arbeit im Jahr 1989 arbeitet Donlin in Großbritannien und im Ausland. Dabei verwendet er überwiegend große Floatglasscheiben, die sich leicht in die Form und die Konstruktion eines Gebäudes einbinden lassen. Als einer der ersten Künstler in Großbritannien experimentierte er damit, Emaillefarben im Siebdruckverfahren auf Glas aufzubringen. Wie viele Glaskünstler arbeitet er gerne mit Mischtechniken, unter anderem mit verschiedenen Arten des Ätzens, Malens, Spritzens sowie mit Emaillebeschichtungen im Siebdruckverfahren und kombiniert auch Antikglas mit Floatglas.

Donlin ist ein begnadeter Illustrator. Er verwendet häufig Bilder, Texte oder Formen, die sich auf die Lage, die spezielle Funktion oder den Kontext eines Gebäudes beziehen. Die abgebildete Brücke in Manchester ist mit kleinen Grafiken zur Geschichte dieser Gegend versehen. Beim Kino in Liverpool erkennt man Hunderte von abwechslungsreichen Details, etwa zur Geschichte des Empire Theatre. Donlin integriert derartige Themen wie selbstverständlich in seine Entwürfe, ähnlich wie bei der Glasfassade des Kinos in Southampton (S. 80) mit ihren vielen Bezügen zu Filmrollen und Filmmotiven.

Donlins Begabung liegt in strengen und gewagten Entwürfen. Aus der Distanz wirken sie wie einfache, lebendige Formen, beim Näherkommen jedoch offenbaren sie zahlreiche Details. Seine Arbeiten sind kostengünstig und nicht aufwendig zu erstellen – und sie kommen gut an.

1 **TIB Fußgängerbrücke**, Manchester, England, 1999, 18 x 2,2 m. Diese Brücke wurde in Zusammenarbeit mit dem Architekten Stephenson Bell gebaut. Sie hat Wände aus gehärtetem Glas, das mit opaken und transparenten Emaillefarben bedruckt ist (Siebdruck).

2 **TIB Fußgängerbrücke**. Innen kann man im Vorübergehen die detaillierten Grafiken, Stadtpläne und Texte studieren.

3 **Empire Theatre**, Liverpool, England, 2002, 6 x 15 m. Architekt: Ellis Williams. Die Außenansicht der mit emaillebeschichtetem, gehärtetem Glas verkleideten Kinofassade unterscheidet sich deutlich von der Innenansicht, die von vielen gestalterischen und inhaltlichen Details bestimmt ist.

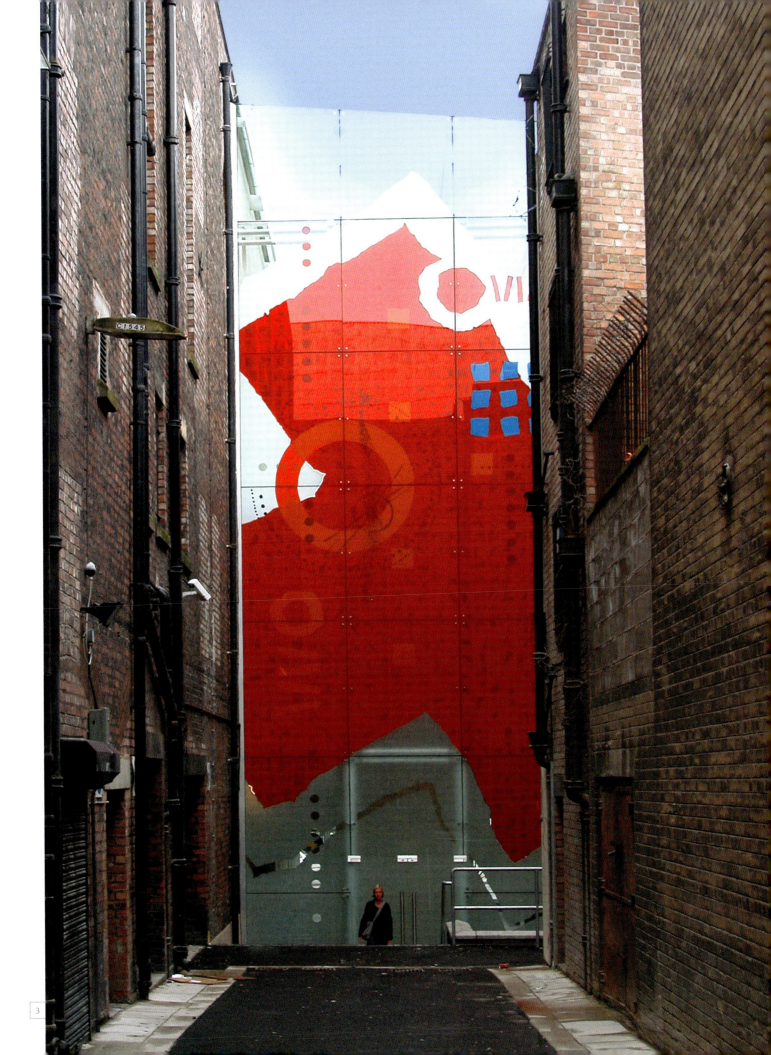

4

4 **Harbour Lights Cinema**, Southampton, England, 1999, 12 x 2,4 m. Architekt: Burrell Foley Fischer. Die Südfassade des Kinos besteht aus einer Glaswand, deren viele Motive aus der Filmwelt nach und nach zur Geltung kommen, wenn man den Innenraum betritt.

5 **Brewery Lane**, Bridgend, Wales, 2004, 150 m². Architekt: Wigley Fox Partnership. Nachts wird dieses Bürogebäude durch die kräftigen vertikalen Farbbänder zu einem strahlenden Lichtobjekt. Schaut man genau hin, erkennt man auf den Glasscheiben Tausende winziger menschlicher Figuren.

5

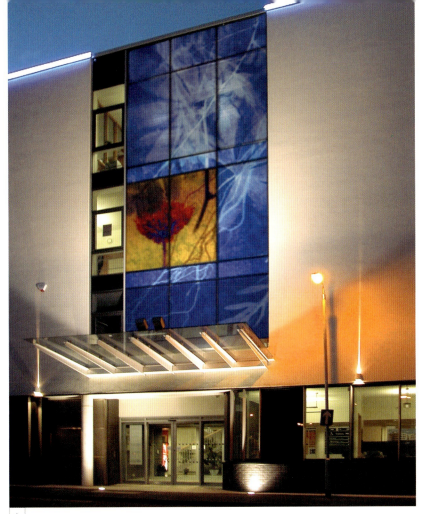

Holywood-Arches-Krankenhaus, Belfast, Nordirland, 2004, 5 x 15 m. Architekten: Todd Architects. Die Kräuter- und Pflanzenmotive der Glasfassade spielen auf die Bestimmung des Gebäudes an. Je nach Lichteinfall verändert sich das Aussehen der Glasscheibe.

Holywood-Arches-Krankenhaus. Blick von innen. Im Gegensatz zu anderen Glasprojekten erscheinen die Motive in diesem Beispiel abstrakter, wenn man sich der Glasscheibe nähert, während das Gesamtbild aus der Distanz deutlicher zu erkennen ist.

STUART KEELER & MICHAEL MACHNIC

Der Bundesstaat Washington ist das Zentrum der Glaskunst-Bewegung in den Vereinigten Staaten, und Tacoma mit seinem kürzlich eröffneten Glasmuseum ist der Mittelpunkt dieser Bewegung. Vor kurzem wurden mehrere Künstler von staatlicher Seite mit öffentlichen Glaskunst-Projekten beauftragt, um diese Stellung weiter zu befördern (siehe auch Linda Beaumonts Projekt am Sea-Tac-Flughafen, S. 84, 85).

Stuart Keeler und Michael Machnic arbeiten beim Entwerfen öffentlicher Glaskunstwerke gelegentlich zusammen. Ihre Aufgabe bei dem Kongresszentrum von Tacoma betraf nicht einfach nur die Gebäudehülle – ihre Fassadenentwürfe spielten eine zentrale Rolle bei ihrem Bemühen, die Geschichte der Gegend wiederzugeben.

Früher war Tacoma ein Synonym für Bauholzindustrie, denn in der Region gibt es sehr viele alte Bäume. Daher stammt das gespenstisch anmutende Motiv der fünf alten Baumstämme, die den Blick des Betrachters unweigerlich nach oben lenken. Da sie aus einem Raster großer Punkte bestehen, sind die Bilder transparent und zart. Dazu kontrastieren die aufgedruckten Höhenlinien des Mount Rainier, eines Vulkans am Stadtrand, der aus dem Flachland aufragt und häufig in Wolken gehüllt sowie schnee- und eisbedeckt ist. Die gesamte Fassade des Kongresszentrums von Tacoma ist so mit abstrahierten Bildern des Bergs bedeckt. Sie sind in zwei Farben gedruckt, die nicht wirklich zusammenpassen – ein transluzentes Weiß und ein sattes transparentes Gold. Das Gold wirkt als farbliche Brücke zu den Holzverkleidungen im Inneren, die wiederum ein entscheidender Bestandteil des Gebäudekonzepts von Keeler und Machnic sind.

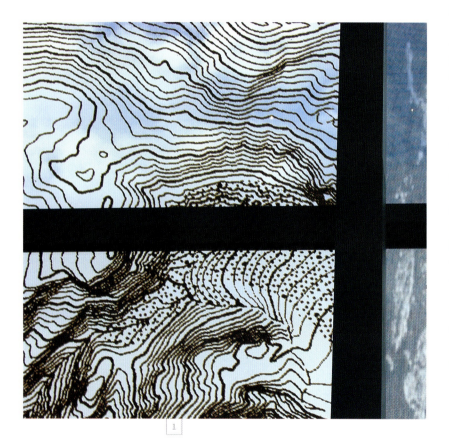

1 »**Apotheosis**«, Kongresszentrum Tacoma, Washington State, USA, 2005. Architekt: Wyn Bieleska. Die Detailaufnahme zeigt die nebeneinander angeordneten Motive der »gespenstischen« Bäume (rechts) und der goldenen Höhenlinien.

2 »**Apotheosis**«. Bei Tageslicht ist von den Bildmotiven auf dem Glas der 240 m² großen Fassade nichts zu sehen.

3 »**Apotheosis**«. Von innen zeigt die Glaswand ein ganz anderes Erscheinungsbild. Sie dient jetzt als milder Filter zwischen Innen- und Außenraum.

4 »**Apotheosis**«. Wenn der Besucher durch das Glas nach oben zum Himmel schaut, treten die Bildmotive wie vertikale Architekturelemente hervor und verleihen dem Gebäude eine zusätzliche Dimension.

LINDA BEAUMONT

Die Glaswand der neuen Transferzone am Tacoma-Flughafen in Seattle ist über 100 m lang. Als Trennwand zwischen Sicherheits- und öffentlichem Bereich dienen hohe Glasscheiben, an denen Passagiere internationaler Flüge zwangsläufig vorbeikommen.

Die Entwürfe der in Washington ansässigen Künstlerin Linda Beaumont spiegeln die Geschichte und die Naturwunder der Landschaft am Pazifik im Nordwesten der USA wider. Beaumont stellte eine Collage von Fotos aus dem frühen 20. Jahrhundert zusammen, die Bäume, Jahresringe und Holzfäller bei der Arbeit zeigen; sie erzählt damit in bildlicher und abstrakter Form Geschichten aus der alten (einige der Bäume in der Umgebung sind über 1000 Jahre alt) und aus der jüngeren Vergangenheit der Gegend.

Vor dem Verbund wurden die Glasscheiben sandgestrahlt und anschließend mit Emaillefarben bemalt, bespritzt und bedruckt. Die Künstlerin verwendete unter anderem auch Silberlot – für ein Werk dieser Größe unge-

1 **Sea-Tac-Flughafen**, Seattle, Washington State, USA, 2004, 115 x 3 m, emaillebedrucktes Verbundglas. Die vielfach sich überlagernden Jahresringe eines Mammutbaums erzeugen eine dynamische Wirkung.

2 **Sea-Tac-Flughafen**. Die majestätischen Bäume eines uralten Walds, hier dargestellt durch eine abstrakte Komposition aus Licht und Glas, sind ein Sinnbild für die Urgewalt der Natur.

LINDA BEAUMONT 85

wöhnlich –, um den satten, warmen Glanz zu erzielen, den das Glas auszustrahlen scheint. Silberlot besteht aus einem Metalloxid, das seit dem Ende des 13. Jahrhunderts in Farbglas verwendet wird. Wenn es mit der richtigen Temperatur gebrannt wird, entsteht eine Farbpalette von Blassgelb über sattes Goldgelb bis zu Dunkelgelb. Das Metalloxid verbindet sich mit Glas auf andere Weise als Emaillefarben. Bei modernen großen Arbeiten stößt die Verwendung des Metalloxids allerdings an ihre Grenzen, da es die zum Härten von Glas erforderlichen hohen Temperaturen nicht verträgt. In diesem Beispiel wurde Verbundglas verwendet, weil es bei Temperaturen gebrannt wird, die auch für Silberlot geeignet sind.

Für Linda Beaumont, eine erfahrene, vielseitige Künstlerin, bedeutete dieses Projekt den Einstieg in die Welt des Glases. Sie lernte dabei Transparenz und Licht zu schätzen und hat sich mittlerweile völlig auf dieses Material eingelassen.

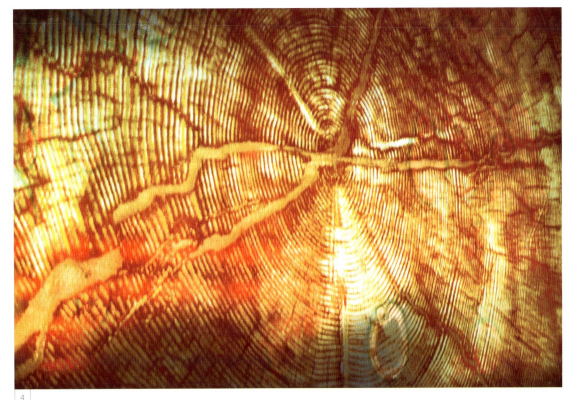

3 **Sea-Tac-Flughafen**. Die Abbildung vermittelt ein Gefühl für die Größe der Glasscheiben mit den riesigen Motiven abgesägter Baumstämme und ihrer eindrucksvollen Jahresringe.

4 **Sea-Tac-Flughafen**. Aus der Nähe hat es den Anschein, als brenne das Glas, besonders wenn das Tageslicht hindurchscheint.

LÖNNE & NEUMANN

Michael Lönne und Jörn Neumann aus Deutschland arbeiten seit fast zehn Jahren zusammen. Sie sind bekannt für ihre zurückhaltenden und zugleich eindringlichen Entwürfe, für die die Glasflächen in einem Krankenhaus in Paderborn ein Beispiel sind. Auf jedem der neun Elemente wurden Emaillefarben mindestens einmal, auf manchen bis zu dreimal aufgeschmolzen. Alle neun sind doppelt verglaste Einheiten. Ihre Vorderseiten wurden an einigen Stellen sandgestrahlt, um größere Tiefenwirkung zu erzielen oder um die Reflexionen auf der Oberfläche zu reduzieren.

Die hinterleuchteten Glasscheiben sind in einem Wartebereich ohne Tageslicht angebracht, sie kompensieren die fehlenden Fenster, sodass sich ein freundlicher, einladender Raumcharakter ergibt. Dieser Raumeindruck wird durch die warmen, weichen Farbtöne mit sanften Abstufungen noch verstärkt. Die Rahmen der Fensterelemente sind als Schiebetüren ausgeführt. Dies erleichtert das Auswechseln der Glühbirnen dahinter und verstärkt zudem den Eindruck, die Glaswand trenne einen anderen Bereich ab.

Lönne & Neumann verleihen ihren vielfältigen Arbeiten einen ganz eigenen Charakter. Sie verwenden oft wenige, aber sorgfältig ausgewählte und stark kontrastierende Farben und lassen auf diese Weise ein Fenster farbenfroh erscheinen, obwohl sie in Wirklichkeit mit vergleichsweise wenigen Farbtönen auskommen. Wie auch andere Glaskünstler verwenden sie für viele ihrer Werke Bleiglas. Ihr Stil verändert sich jedoch deutlich, wenn sie mit Floatglas arbeiten, wie dieses Beispiel zeigt. Er wird etwas weniger kompakt, einfacher und nüchterner.

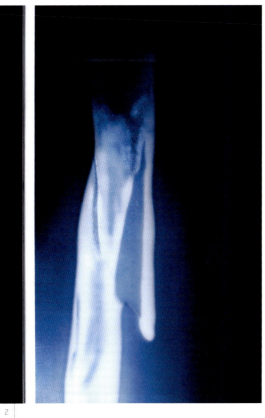

2

3

St.-Vincenz-Krankenhaus, Paderborn, Deutschland, 2004. 10 x 2,5 m. Die hinterleuchteten Glasscheiben in einem fensterlosen Bereich des Krankenhauses sind mit Emaillefarben beschichtet und mit sandgestrahlten Schriftzügen versehen.

St.-Vincenz-Krankenhaus. Eine der hinterleuchteten Scheiben zeigt das Röntgenbild eines gebrochenen Knochens in Blau, das einen Kontrast zu den warmen Hintergrundfarben bildet.

St.-Vincenz-Krankenhaus. Eine andere Scheibe zeigt die Röntgenaufnahme einer Blüte, aus der ein Extrakt zur Behandlung von Herzkrankheiten hergestellt wird.

AMBER HISCOTT

Amber Hiscott studierte Farbglasgestaltung am bekannten Swansea Institut in Südwales. Seither ist Wales nicht nur ihre Heimat, sondern prägt auch ihre Identität als Künstlerin. Hiscott hat sich mit vielen Auftragsarbeiten für Krankenhäuser und andere öffentliche Gebäude, etwa für das kürzlich fertig gestellte Millennium Centre in der walisischen Hauptstadt Cardiff, einen beachtlichen Ruf erworben.

Ihre Werke aus Glas spiegeln häufig ihr zweites Tätigkeitsfeld, die Malerei, wider, wenn sie kleine Entwürfe in große, beeindruckende Glasarbeiten überträgt. In dem vorgestellten Beispiel zeigt sich ihr Sinn für den kühnen Umgang mit Farbe: Eine 12 m hohe Glasscheibe an der Wand dominiert die Eingangshalle des neuen Great-Western-Krankenhauses. Sie zeigt, dass Emaillefarben auf Glas, wenn sie sorgfältig ausgeführt sind, ohne Hintergrundbeleuchtung auskommen können. Obwohl nur wenige Farben verwendet wurden, erscheint das Motiv mit den dynamischen Formen unglaublich farbenreich.

Die Balkonbrüstung im Nordwalisischen Krebszentrum ist ein wunderbares Beispiel für den Einsatz von Glas. Die farbenfrohen Brüstungen verleihen dem Innenhof wie den Balkonen, die ihn einfassen, einen ganz neuen Charakter. Auf die Glasscheiben sind opake Emaillefarben aufgebracht; einige Bereiche wurden jedoch durchsichtig belassen, um Blickbezüge von beiden Seiten zu erlauben. Dies bietet den Balkonbenutzern ein gewisses Maß an Privatsphäre und lässt zudem die Farben von allen Seiten aus kräftiger erscheinen. Wenn im Sommer die Sonne auf das Wellblechdach scheint, ergeben sich auf den gelben Scheiben bizarre Linien. Im Gegensatz zu transparenten erzeugen opake Emaillefarben keine farbigen Reflexionen auf dem Boden und an den Wänden, wie man sie von traditionellem Farbglas her kennt. Die Motive auf den Glasscheiben entstanden bei der Arbeit mit Kindern.

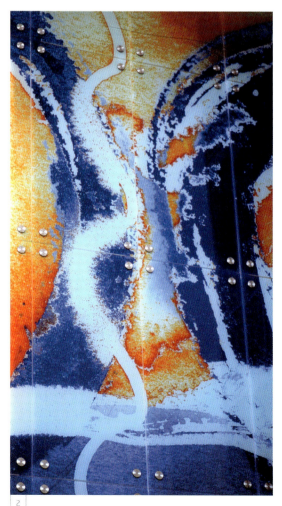

1 »The Journey«, Great-Western-Krankenhaus, Swindon, England, 2002. Das Glasobjekt besteht aus zwanzig geätzten, je 4 x 10 m großen Einzelscheiben, bemalt mit opaken Emaillefarben.

2 »The Journey«. Der Ausschnitt zeigt, wie ein Aquarellmotiv im Siebdruckverfahren mit Emaillefarben auf gehärtetes Floatglas aufgebracht werden kann. Eine Hinterleuchtung ist nicht erforderlich.

3 Nordwalisisches Krebszentrum, Glan-Clwyd-Krankenhaus, Wales, 2001. 25 Glasscheiben, jede etwa 1 x 2 m groß, dienen als hohe Schutzbrüstung für den Balkon, der hier vom Gartenhof aus zu sehen ist.

4 Nordwalisisches Krebszentrum. Blick vom Balkon: Die mehrfarbigen Entwürfe sind in Zusammenarbeit mit Kindern entstanden. Transparent belassene Bereiche ermöglichen Blicke in den Innenhof.

DAVID PEARL

David Pearl arbeitet seit 25 Jahren in Großbritannien und Kanada. Seine Entwürfe sind weniger von einem bestimmten Stil geprägt als vielmehr von seiner Art zu denken und zu arbeiten, von seinem Bestreben, mit Konzept, Konstruktion und technischer Ausführung Neuland zu betreten. Pearl hat vor kurzem sein Studium an Londons angesehenem Bartlett College für Architektur mit dem Master abgeschlossen – ein Beweis für seine offensive Beschäftigung mit Kunst; sie führte ihn dazu, sich der Herausforderung zu stellen, neben zwanzig Jahre jüngeren Studenten neue Fertigkeiten und Denkweisen zu erlernen. Zu seinen Arbeitsfeldern zählen mittlerweile auch die Fotografie und die Arbeit mit Videos.

1 »Wassertürme«, Cardiff, Wales, 2000. Jeder Turm hat einen Umfang von 5 m, ist 10 m hoch und besteht aus 16 gehärteten, gekrümmten Verbundglasscheiben, deren jede 1,25 x 2,5 m misst. Das Bildmotiv stammt aus einem Aquarell von Amber Hiscott.

2 Princess-of-Wales-Krankenhaus, Bridgend, Wales, 1999. Der geschwungene Wandschirm aus Glas im Innenbereich ist 7 m lang und 2,1 m hoch. Auf dem gebogenen Verbundglas sind opake und transparente Emaillefarben aufgebracht.

3 Basingstoke Lido, Basingstoke, England, 2002, 4 x 6 m. Hier ist eines von sieben Fenstern eines Wettkampfbeckens gezeigt. Das Bildmotiv basiert auf fotografischen Studien vom Lichtspiel auf einer Wasseroberfläche.

Das Projekt »Wassertürme« in Cardiff forderte Pearls ganzes Können. Mit viel Liebe zum Detail erarbeitete er mehrere Entwürfe, die er immer weiterentwickelte, bis das Glas zum zentralen Element der Stahlkonstruktion wurde und nicht nur ihr Beiwerk, wie zunächst vorgesehen. Die Türme sind Beispiele dafür, wie opake Emaillefarben sowohl Licht durchlassen als auch reflektieren können. Sie präsentieren sich bei Tageslicht ebenso wirkungsvoll wie nachts. Die gekrümmte Glaswand im Princess-of-Wales-Krankenhaus ist mit transparenten und opaken Farben bemalt. Das opake Blau mildert optisch die Wellenform der Wand, die klar belassenen horizontalen Linien unterstreichen sie hingegen. Die in transparentem Pink und Gelb ausgeführten Bildmotive setzen sich vom blauen Hintergrund ab. So entstand eine Trennwand, die Durchblicke erlaubt und durch die kleinen transparenten Öffnungen in der opaken Oberfläche ihren strahlenden Glanz erhält. Die Glaswand selbst wird von eleganten, minimalistischen Edelstahlprofilen gehalten.

4 **»Wassertürme«.** Die beiden Türme stehen in einem runden Wasserbecken. Hinter dem Glas befinden sich Springbrunnen, sodass die Türme wie beleuchtete Farbsäulen wirken, die aus den Nebelschwaden des mit Flutlicht angestrahlten Wassers auftauchen.

5 **»Wassertürme«.** Tragendes Element der hier von der Sonne angestrahlten Türme sind Edelstahlstützen, die enormen Winddrücken standhalten können, da sie durch innen gespannte Seile ausgesteift sind.

TOBIAS KAMMERER

Tobias Kammerer stammt aus Süddeutschland und studierte Ende der 1980er Jahre Malerei und Bildhauerei in Wien. Wie für viele Glaskünstler war auch für ihn die Entdeckung des Materials Glas eine Art Offenbarung. Kammerer baut Modelle, um zu erproben, wie ein Bild auf verschiedene Lichtarten reagiert. Er steht in der Tradition derer, die Malerei mit Glaskunst verbinden. Seine Werke ähneln riesigen Gemälden auf Glas, sie zeigen die Schönheit des großzügigen Bürstenstrichs und der farblichen Nuancen und Tiefen, die sich ergeben, wenn Farben sich überlagern. Kammerers Stil eignet sich für Kirchen genauso gut wie für säkulare Gebäude. Die beiden vorgestellten Projekte zeigen seine Freude am Wechselspiel zwischen Transluzenz und Transparenz.

Die dramatische Wirkung des fünfstöckigen Treppenturms einer Stahlbaufirma zeigt, wie wirkungsvoll mit Farbe auf Glas gearbeitet werden kann. Treppenhäuser werden häufig intensiv genutzt, sind allerdings nur Durchgangsbereiche, und es muss in ihnen niemand konzentriert arbeiten. Daher bieten sie ein ideales Forum für spannende Glasmalereien. Ihr äußeres Erscheinungsbild kann besonders nachts zum bestimmenden Element der Umgebung werden, und, wie hier, zur Visitenkarte der Firma, die den Auftrag erteilte.

Kammerers 23 m lange Trennwand für die Volksbank in Nagold (S. 94, 95) ist ein gutes Beispiel für die Reife seiner Werke. Der Entwurf scheint einfach: Die Bestandteile der Glaswand treten zueinander in Beziehung anstatt sich zu überlappen. Die Farben sind kräftig und kontrastreich, die verwendeten Formen sehr klar definiert. Obwohl die Abbildung nur einen Ausschnitt der Glaswand zeigt, ist die Gesamtwirkung gut erkennbar: ein ausgewogenes Verhältnis zwischen Spannung und Gelassenheit.

1 **Hagener Feinstahl**, Hagen, Deutschland, 1998. Blick von außen auf das Treppenhaus, das zu einem Wahrzeichen geworden ist.

2 **Hagener Feinstahl**. Das Detail vermittelt einen Eindruck von der Intensität der Farben und dem Wechselspiel zwischen Transparenz und Transluzenz, das völlig verschiedene Ausblicke ermöglicht.

3 **Hagener Feinstahl**. Treppenhäuser eignen sich hervorragend für Glaskunst. Sie werden häufig benutzt und profitieren als Durchgangsbereiche von einer spannenden Gestaltung.

4 FOLGENDE DOPPELSEITE **Volksbank**, Nagold, Deutschland, 2001. Die geschwungene, halbtransparente Trennwand verändert die Räume auf beiden Seiten. Die Glaswand kann je nach Nutzung teilweise zusammengefaltet werden.

SASHA WARD

Sasha Wards Weg zur Glaskunst ist ungewöhnlich. Sie befasste sich zunächst drei Jahre mit der Herstellung von Farbglasfenstern, schrieb sich dann für drei Jahre an der Kunstakademie ein und ergänzte schließlich ihre Ausbildung durch ein zweijähriges Aufbaustudium am renommierten Royal College of Art in London. Sie ging damit den umgekehrten Weg vieler Künstler, die häufig zum Glas gelangen, nachdem sie viele andere Materialien ausprobiert haben.

Von Anbeginn ihrer beruflichen Laufbahn an hat sich Ward für Emaillefarben auf Floatglas interessiert. Viele ihrer Projekte entstanden in Zusammenarbeit mit einem großen Atelier, doch die notwendigen Prototypen einer Arbeit stellt sie immer selbst in ihrem eigenen Atelier her. Erst vor kurzem erweiterte sie ihre Ausstattung, um bei der Herstellung ihrer Glasobjekte unabhängiger zu werden.

Das hier gezeigte Schwimmbad ist in Konzept und Ausführung sehr architektonisch. Die Glasscheiben an der Hauptfassade sind grafisch-klar konzipiert, während das Detail verdeutlicht, wie in anderen Bereichen aus dem einfachen Konzept komplexe Motive entstanden.

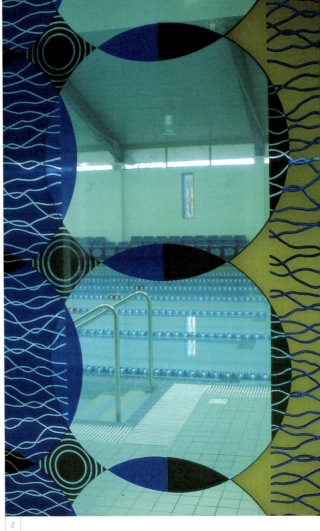

1 **Freizeitzentrum Carterton**, nahe Oxford, England, 2003. Architekt: Childs & Sulzmann. Das in drei verschiedenen Blautönen auf die Fenster gedruckte Muster ist integraler Bestandteil der Architektur.

2 **Freizeitzentrum Carterton.** Detail einer Glasscheibe im Innenraumbereich. Die Scheibe mit den Abmessungen 1,5 x 2,4 m zeigt eine Verfeinerung des Hauptmotivs.

Die 13 m hohe aufgehängte Glasscheibe des zweiten Beispiels war in jeder Hinsicht ein ehrgeiziges Projekt. Der Entwurf wirkt von unten gesehen recht schlicht und streng: Ein opaker, orangefarbener Bildausschnitt kontrastiert mit einer transparenten blauen Fläche. Doch aus der Nähe betrachtet, zum Beispiel vom Aufzug aus, wird eine Fülle abstrakter Details erkennbar.

Wards Werke zeigen ein ausgewogenes Verhältnis von klaren, strengen Formen und angedeuteten organischen Details. Sie beherrscht den Umgang mit Emaillefarben, von denen sie ein breites Spektrum verwendet. Sämtliche Farben entspringen eigenen gründlichen Experimenten, sowohl was das Mischen als auch das Aufschmelzen auf Glas betrifft.

3 **»Intrepid Steps«**, Principality Building Society, Cardiff, Wales, 1992, 1 x 13 m. Dieses ambitionierte Hängeobjekt besticht, von unten betrachtet, durch seine strenge Form.

4 **»Intrepid Steps«**. Der Blick aus dem Lift enthüllt komplizierte Details, die nur aus der Nähe erkennbar sind.

5 **Cotswold District County Offices**, Cirencester, England, 2002. Diese wunderschöne Glasbrüstung wirkt durch die gekrümmten Linien gewölbt, obwohl die einzelnen rechteckigen Glasscheiben eben sind.

6 **The Chaplaincy**, Great Western Hospital, Swindon, England, 2002. Das Detail verdeutlicht, wie sich die Motive auf den beiden Glasschichten zu neuen Bildern überlagern.

UDO ZEMBOK

Udo Zembok ist seit dreißig Jahren Architekturglaskünstler, hat sich allerdings nie mit Farbglas beschäftigt. Zunächst arbeitete er mit Antikglas, bevor er sich auf Emaillebeschichtungen und auf Floatglas, das aus vielen Schichten zusammengeschmolzen wird sowie Farbpartikel- und Mineraleinschlüsse enthält, spezialisierte. Zembok benutzt dabei auch zusätzliche Techniken wie das Verformen des Glases durch Hitze. Er experimentiert mit kleineren Kunstobjekten – »Skulpturen« aus dickem Glas, die er in Kunstgalerien ausstellt. An ihnen entwickelt er Ideen und Techniken, die er dann für seine größeren architekturbezogenen Werke verwendet. Die neun Fenster für eine Presbyterianerkirche in der Schweiz sind höchst innovativ gestaltet. Jede Scheibe besteht aus zwei Schichten »Kristall«-Glas mit geringem Eisengehalt, die vor dem Schmelzvorgang mit Emaillefarben besprüht und bemalt wurden. Die großformatigen Fenster wurden in einem Glasatelier in Straßburg hergestellt.

Für eine Bank in Nordost-Frankreich entwarf Zembok eine Reihe relativ einfacher Glasscheiben als Trennwand zwischen dem Hauptbüro und den übrigen Büros. Vor diese Trennwand platzierte er eine einzelne frei stehende Wandscheibe: Zentrales Element der davor montierten Glasscheibe sind die wunderschönen Farbspiele. Dieses Objekt steht für all jene, die wahrscheinlich nur von einem Künstler in seinem eigenen Atelier hergestellt werden können, wenn er mit Glas experimentiert und ein Gespür dafür entwickelt, was mit Farben geschieht, wenn man ihnen nur ein wenig Raum und Hitze gibt. Das Fenster in der Waldorfschule in Frankenthal scheint den Blick nach draußen kaum zu behindern und stellt dennoch eine gewisse Barriere dar. Die Farben auf dem Glas wurden sorgfältig auf die Farben des Außenraums abgestimmt. Zembok ist ein Farbkünstler mit einem feinen Gespür für den letzten Schliff, der aus einem dekorativen Element ein Kunstwerk macht.

1 **Presbyterianerkirche aus dem 16. Jahrhundert**, Genf, Schweiz, 2005. Drei von neun 1,2 x 3,2 m großen Fenstern. Doppelschichtiges geschmolzenes Floatglas mit Einschlüssen von Farbgranulat und mit Emaillefarben, die auf das Glas aufgespritzt wurden.

2 **Credit Mutuel**, Colmar, Frankreich, 2003, 2,6 x 4,5 m. Innere Trennwand mit Wandscheibe, auf der eine Floatglasscheibe mit aufgeschmolzenen und aufgespritzten Emaillefarben montiert ist.

Waldorfschule, Frankenthal, Deutschland, 2002, 1,45 x 3,6 m. Eine dekorative Floatglasscheibe mit aufgeschmolzenen und aufgespritzten Emaillefarben.

SASKIA SCHULTZ

Saskia Schultz ist eine junge deutsche Künstlerin, die häufig mit Farbstreifen arbeitet und damit eine stimmungsvolle Atmosphäre schafft. Die farbigen Flächen strukturiert sie durch unregelmäßige organische Muster, in unserem Beispiel mit einem Netzmotiv.

Für die Kapelle eines Entgiftungszentrums in Wilhelmsdorf, Oberschwaben, entwarf sie eine Glaswand, die einem Raum für Gebet, Meditation und gelegentliche Gottesdienste eine gewisse Zurückgezogenheit geben sollte. Die vertikalen farbigen Glasscheiben bilden einen dezenten, doch wirkungsvollen Sichtschutz, der von außen keine Einblicke, den Anwesenden im Raum jedoch Ausblicke erlaubt. Die Künstlerin verwendete Netzmotive, um einigen Glasscheiben eine Textur und eine weitere Farbe zu verleihen.

Jede Scheibe wurde mit einer einzigen Farbe bedruckt und dann gebrannt. Die Netzstruktur entstand dann durch Sandstrahlen, was eine gewisse Tiefenwirkung hervorruft. Anschließend wurde diese Struktur mit einer zweiten Emaillefarbe aufgefüllt und das Glas noch einmal gebrannt. Zuletzt wurden auf einigen Scheiben Schriftzüge durch Sandstrahlen aus der Grundfarbe herausgearbeitet.

Die Glaselemente können entlang einer Schiene verschoben und somit unterschiedlich zusammengestellt werden. Obwohl die Scheiben relativ transparent erscheinen, erzeugen sie doch einen sehr intimen Raumeindruck. Die weichen, kontrastierenden Pastellfarben tauchen den Raum in ein heiteres, friedliches Licht.

Die Technik, das Glas mit Emaillefarben zu bedrucken und dann Teile davon durch Sandstrahlen oder Ätzen wieder zu entfernen, bietet sich für die von Schultz angestrebte Wirkung geradezu an. Ihre einfachen Glasscheiben passen hervorragend zu der modernen, von fugen- und rahmenlosen Elementen geprägten Umgebung, in der kein Stoffbehang zu berücksichtigen war und die Außenwand nicht versteckt, sondern nur teilweise verdeckt werden sollte.

1 **Glastrennwände für die »Kirche am Weg«**, Wilhelmsdorf, Deutschland, 2004. Architekten: Single & Weinbrenner. Die Glaswände umfassen die Kapelle des Entgiftungs- und Rehabilitationszentrums.

2 **»Kirche am Weg«**. Das Glas wurde durchgehend mit einer Farbe bedruckt. Das 1,5 mm tiefe Netzmuster wurde mit dem Sandstrahlverfahren herausgearbeitet, anschließend mit Emaillefarbe wieder aufgefüllt und die Glasscheibe erneut gebrannt.

3 **»Kirche am Weg«**. Die hohen Scheiben lassen sich in Führungsnuten an Decke und Boden verschieben und dienen dazu, in einigen Bereichen des Innenraums das Gefühl von Geborgenheit zu vermitteln.

BRIAN CLARKE

1 **Al-Faisaliah-Zentrum**, Riad, Saudi-Arabien, 1999, 2000 m². Architekt: Norman Foster. Aus der Entfernung erscheint das Bildmotiv auf der Glasfassade, das aus großen, wohlgesetzten Punkten besteht, wie ein überdimensionales Foto. Je näher man kommt, desto mehr zerfällt es in abstrakte Kompositionen, die aus ineinander übergehenden Farben bestehen.

2 **Al-Faisaliah-Zentrum**. Clarke arbeitete beim Entwurf dieser farbigen Fenster eng mit dem Architekten zusammen. Es ist die weltweit größte Verglasung dieser Art und sprüht nur so vor leuchtenden Farben. Wüstenmotive und klassische Motive aus Saudi Arabien ergeben ein großzügiges Panorama.

Noch vor 25 Jahren gehörte Brian Clarke zu den wenigen Künstlern, die damit beauftragt wurden, Farbglas auch im weltlichen Bereich einzusetzen. Man kann sich heute kaum vorstellen, wie selbstverständlich man damals davon ausging, dass Farbglas nur für Kirchen geeignet wäre. Clarke lernte bei vier oder fünf legendären deutschen Künstlern der Nachkriegszeit, brachte seine Ideen nach Großbritannien und entwickelte für Farbglas eine Ausdrucksform, die auf zeitgenössische weltliche Gebäude anwendbar war. In den 1980er und 90er Jahren verwirklichte Clark in verschiedenen Ländern Projekte mit einer Größe von mehr als 1 000 m² unter Verwendung von Bleiglas.

Obwohl Clarke bereits 1981 für seine Farbglasobjekte im Siebdruckverfahren bedruckte Bilder verwendet hatte, begann er erst gegen Ende der 1990er Jahre damit, die Möglichkeiten von Emaillebeschichtungen und Floatglas auszuschöpfen. Seitdem verwirklichte er einige große

Projekte, das größte und zugleich erste vollständig im Siebdruckverfahren erstellte ist das für das Al-Faisaliah-Zentrum in Saudi-Arabien. Bei der Fassadengestaltung für den Eingangsbereich des Wolkenkratzers arbeitete Clarke eng mit dem Architekten Norman Foster zusammen. Eine seiner Aufgaben bestand darin, die Sonneneinstrahlung in das Gebäude zu verringern. Clarke löste das Problem, indem er die Glasfassade mit Bildmotiven aus Kultur, Topografie und Geschichte der Umgebung versah. Dadurch entstand ein ungewöhnliches Objekt in einem Land, in dem gegenständliche Kunst selten ist.

Inzwischen arbeitet Clarke, wie die Beispiele auf diesen Seiten zeigen, weiterhin daran, seine Visionen in die Realität umzusetzen. Er möchte durch die Verglasung von Gebäuden und die Verwendung von Farben und Konturen das städtische Umfeld aufwerten und das räumliche Erleben der Besucher im Inneren eines Gebäudes steigern.

3 **Ascot Grandstand**, Berkshire, England, 2007. Architekt: HOK Sport. Als Bestandteil des endgültigen Bauwerks würde der Entwurf die Fassade mit einem schimmernden Schleier überziehen.

4 **Ascot Grandstand**. Blick von innen. Die Fassade soll mit transparenten Emaillebildern bedruckt werden, sodass der Eindruck entsteht, man blicke durch einen Blätterwald.

104 EMAILLEFARBEN AUF GLAS

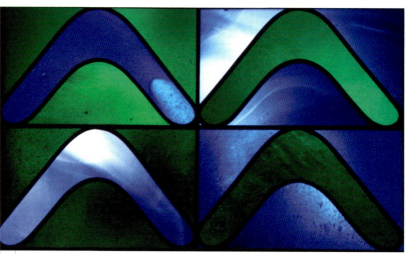

5 **Glasdüne**, Umweltministerium Hamburg, Deutschland, Entwurf 1994. Architekten: Future Systems. Dem Plan nach soll das Gebäude in großen Bereichen farbiges Bleiglas enthalten.

6 **Glasdüne**. Dieses Muster aus Bleiglas in Originalgröße verdeutlicht, wie sensibel Clarke Kunst mit Architektur verbindet. Einfache, sich wiederholende Formen spiegeln die Gebäudeform wider.

7 **Glasdüne**. Detail des Glasmusters. Würde Clarke dies heutzutage in Bleiglas ausführen? Wiegt die Schönheit des mundgeblasenen Glases all die Vorteile von emaillebeschichtetem Glas auf?

8 **Entwurf der Nordfassade**, westlicher Wintergarten, Heron Quays, Canary-Werft, London, England, Entwurf 2001. Architekten: Cesar Pelli & Associates. Dieser Entwurf kam bedauerlicherweise nie zur Ausführung. Die Kosten wären nicht übermäßig hoch gewesen und vielleicht hätte man ohne optische Beeinträchtigung sich wiederholende Bildmotive verwenden können.

9 **Entwurf der Nordfassade**, westlicher Wintergarten. Da Emaillefarben, sogar transparente, mehr reflektieren als mundgeblasenes Glas, hätte das Gebäude von innen genauso phantastisch wie von außen ausgesehen.

GRAHAM JONES

Graham Jones hatte als Glaskünstler einige Jahre lang starken Einfluss auf andere Künstler. Viele von ihnen berichten, dass sich ihnen ganz neue Möglichkeiten aufgetan hätten, als sie sahen, wie Jones mit Glas umging. Während der 1980er Jahre und Anfang der 1990er Jahre arbeitete Jones ausschließlich mit Bleiglas, doch während der letzten zehn Jahre verwendete er zunehmend mit Emaillefarben beschichtete große Floatglasscheiben.

Als Farbglaskünstler fand Jones einen natürlichen Zugang zu Floatglas, er ätzte und bemalte es, versuchte dabei aber immer, eine lockere, spontane und dynamische Beziehung zu seinen Objekten herzustellen.

Als Maler und hervorragender Glaskunsthandwerker war Jones zunächst skeptisch, ob emaillebeschichtetes Floatglas seinem Verständnis von Glaskunst gerecht werden könnte. Er stellte jedoch mit der Zeit fest, dass er mit dieser Technik die glatte, leblos wirkende Oberfläche von Floatglas in etwas Lebendiges, Dynamisches verwandeln konnte. Die Farben, die er auftrug, vermitteln die Energie seines Pinselstrichs, und das, obwohl sie aufgedruckt wurden. Jones, der sich stets an der einzigartigen Oberfläche jedes Stücks mundgeblasenen Glases erfreut hatte, fand heraus, dass er jetzt auch auf Floatglas eine Textur erzeugen konnte. Der Hauptunterschied besteht nur darin, dass er die Ätzsäure mit einem Besen verteilt, während er früher für die Farbe einen Pinsel verwendet hat. Der Maßstab ist ein anderer, doch die Wirkung ist dieselbe.

Jones ist in erster Linie ein Maler, der mit Glas arbeitet und seine »Leinwände« in große expressionistische Kunstwerke verwandelt. Er ist ein begnadeter Farbenkünstler, der seinen Werken gezielt eine dynamische Spannung gibt, sonst würde ihnen jedes »wirkliche Leben« fehlen. Jones lebt momentan in Südengland, ist jedoch weltweit tätig mit Projekten jeder Art.

1 **Konferenzraum von British Gas**, Reading, England, 2002. Glaswand, ca. 9 x 2,7 m, von innen gesehen. Die transparenten und opaken Emaillefarben wurden im Siebdruckverfahren aufgebracht.

2 **Konferenzraum von British Gas**. Auf der zum Flur weisenden Glasseite erkennt man die typische Technik von Jones, die Glasoberfläche durch Ätzen und Sandstrahlen zu beleben.

108 EMAILLEFARBEN AUF GLAS

3 **BAT**, Firmenzentrale, London, England, 2001. Die Glaswand hinter der Anrichte der Kantine ist hinterleuchtet. Deutlich sind die charakteristischen breiten Pinselstriche in Rot und Schwarz sowie auf die Oberfläche geklebte Elemente zu erkennen.

4 **BAT**. Die Glaswand im zentralen Speisesaal der Kantine wird von blauen Pinselstrichen bestimmt. Die Glasscheiben hängen in Gleitschienen an der Decke und werden durch Niederspannungslampen von oben und unten angestrahlt.

5 **BAT**. Dieser Ausschnitt zeigt die rechteckigen Vertiefungen, die dem Gesamtwerk ein geometrisches Muster und der Glasoberfläche eine leuchtende Textur verleihen.

6 **Holmes Place Health Club**, Kensington, London, England, 1999, 7 x 7 m. Die Verbundglasscheiben an dieser Wand werden mit Edelstahlprofilen zusammengehalten. Auf die Glasinnenseite wurden Emaillefarben im Siebdruckverfahren aufgebracht.

7 **Holmes Place Health Club**, Kensington. Dieselbe Wand, von der anderen Seite gesehen. Die Aufnahme zeigt, wie unterschiedlich eine Gestaltung je nach Tageszeit und Lichtbedingungen wirken kann.

8 **Holmes Place Health Club**, Kensington. Nahaufnahme von der Treppe aus mit Blick nach unten. Die Glaswand fasst den Raum ein und erlaubt dennoch einen gewissen Durchblick auf die andere Seite.

9 **Holmes Place Health Club**, Lissabon, Portugal, 2001. Hier ist die obere Hälfte einer Glaswand zu sehen, die über zwei Stockwerke reicht. Einige Bereiche wurden transparent belassen, um den Blick auf das Schwimmbad zu ermöglichen.

10 **Holmes Place Health Club**, Lissabon. Dieselbe Glaswand, vom Schwimmbad aus gesehen. Die farbigen Bildmotive spiegeln sich im Wasser. Die transparenten Bereiche geben den Blick auf den angrenzenden Raum frei.

11 **Hauptsitz der British Telecom International**, Oswestry, Wales, 2001. Das Glasobjekt hinter der Rezeption der Firmenzentrale wirkt dynamisch und energiegeladen. Hier sieht man wieder die für Graham Jones charakteristische geätzte Glasoberfläche, die die »Leinwand« belebt.

12 **Centrica-Firmenzentrale**, Windsor, England, 2004. Aufgeschmolzene Emaillefarben können, anders als Farbglas, eine Beleuchtung ersetzen. Dieses »von vorn beleuchtete« Glasobjekt verdeutlicht, wie gut Emaillefarben Licht reflektieren können.

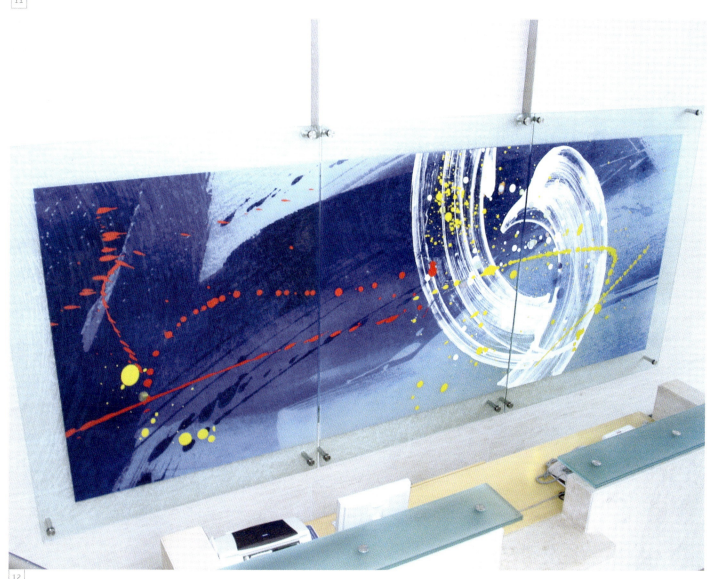

ALEXANDER BELESCHENKO

Alexander Beleschenko arbeitete als einer der ersten Künstler in Großbritannien Anfang der 1980er Jahre mit Glas. Er war federführend bei der Suche nach Alternativen zum damals noch gebräuchlichen Bleiglas. Für seine ersten Werke legte er Antikglas zwischen zwei Scheiben Floatglas. Dies hatte Vor-, aber auch Nachteile: Die Scheiben waren eher schwer und schwierig herzustellen, die vordere Floatglasscheibe spiegelte leicht und verdeckte so die beiden dahinter liegenden Glasscheiben.

Beleschenko experimentierte immer in seinem eigenen Atelier, indem er Glasfragmente, verschiedene Farbpigmente, Harze und unterschiedlichste Behandlungsmethoden verwendete. Er untersucht sämtliche industriellen Prozesse im Hinblick auf ihre Eignung für die künstlerische Arbeit und entwickelt neue Ideen und Wege, das Medium Glas einzusetzen.

Viele Architekturglaskünstler behaupten, ihre Entwürfe seien speziell auf die Umgebung abgestimmt, doch auf Beleschenkos Werke trifft dies besonders zu. Er hat keinen ausgeprägten eigenen Stil, es ist schwierig, seine Arbeiten zu identifizieren, wenn man nicht weiß, dass sie von ihm stammen. Bei jedem Projekt scheint er eine relativ neue Idee oder Technik zu verwenden, die er möglicherweise für eine neue Aufgabe wieder beiseite legt.

Die Projekte, die hier vorgestellt werden, entstanden in Zusammenarbeit mit einem Architekturbüro, wobei der Künstler seine Fertigkeiten und Vorstellungen einbrachte, um dem Konzept eine gewisse Größe zu verleihen. Die breiten Kirchenportale (S. 113) verdeutlichen, dass Beleschenko wie ein Architekt denken kann. Es handelt sich hier nicht um Glasmalerei: Von weitem betrachtet scheinen Textur und Farbe zu dominieren, aber beim Näherkommen werden religiöse Motive sichtbar. Bei dem Verbindungsgang in der Canary Wharf (S. 114, 115) spielt er mit Wiederholungen, aber auch mit immer neuen Einfällen.

Millennium Bridge, Coventry, England, 2003. Architekten: MJP Architects. Insgesamt 798 »Glasflossen« bilden die Brüstung der Brücke und geben der Stahlkonstruktion ein schwungvolles Erscheinungsbild aus Farbe und Licht.

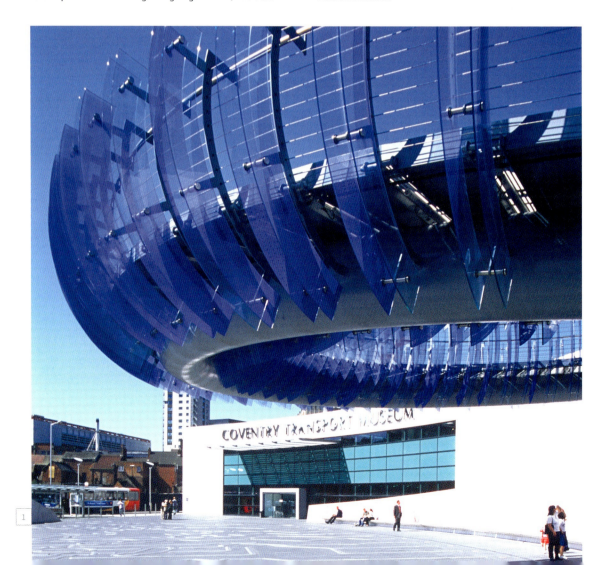

2 **Herz-Jesu-Kirche**, München, Deutschland, 2001, 225 m². Architekten: Allmann, Sattler, Wappner. Die beiden 14 m hohen Eingangstore bestehen aus je 432 Doppelglasscheiben, die mit Emaillefarben bedruckt sind.

3 **Herz-Jesu-Kirche**. Die Nagelbildmotive wurden wie eine Art Geheimschrift verwendet, um die Glasoberlichter mit Text und Textur zu versehen.

4 **Herz-Jesu-Kirche**. Die weit offenen, auf Rädern gelagerten Tore wirken wie Arme, die den Besucher willkommen heißen.

ALEXANDER BELESCHENKO 115

5 **Canary Wharf Verbindungsgang**, London, England, 2001. Architekten: Cesar Pelli & Associates. Drei hinterleuchtete Glaswände von insgesamt 120 m². Jede einzelne Scheibe misst 1,2 x 1,4 m.

6 **Canary Wharf Verbindungsgang**. Die geometrische Regelmäßigkeit steht im Widerspruch zu den ständig wechselnden Farben und den gelegentlichen Unregelmäßigkeiten und Öffnungen.

7 **Canary Wharf Verbindungsgang**. Hunderte farbiger Formen rufen auf den Wänden Wellen tanzender Farben hervor.

STUART REID

Der Künstler und Architekt Stuart Reid, Design-Professor am Ontario College of Art and Design, lebt und arbeitet in Toronto, Kanada. Viele Jahre lang hat er sich auf traditionelle Art mit Bleiglas beschäftigt. Die drei hier gezeigten neueren Objekte demonstrieren jedoch, dass er neue Techniken als Befreiung empfindet. Es ist, als käme der Künstler plötzlich mit einer ganz neuen Dimension seines kreativen Daseins in Berührung, einer vielleicht schon immer vorhandenen, die aber im Medium Glas nie wirklich zum Ausdruck gekommen war. Reids Projekte des 21. Jahrhunderts wirken heiter, befreit und tief verbunden mit den Sachverhalten, mit denen die Architektur und das Bauwesen im modernen städtischen Umfeld konfrontiert sind.

Reids glänzende Glasschutzwand hinter dem Tresen einer Hotelrezeption regt die Vorstellungskraft an und verstärkt zugleich die klaren Linien der Architektur. Trotz der begrenzten Farbpalette scheinen aufgrund der verschiedenen Abstufungen viele Farben miteinander zu schwingen. Die kontrastierenden Blau- und Gelbtöne wirken sehr dynamisch, doch die ausgeprägten geometrischen Elemente lassen das Objekt strukturiert und zusammenhängend erscheinen. Trotz der intensiven Energien des dynamischen städtischen Umfelds strahlt der gesamte Bereich eine Kombination aus luxuriöser Entspannung und Ruhe aus.

Dem Kunden gefiel die Rezeption so gut, dass er einen ähnlichen Auftrag für die Restaurant-Bar des Hotels vergab (S. 118). Wiederum arbeitete Reid mit einfachen vertikalen Linien und rechteckigen Formen und spielte mit feinen Tonabstufungen. »Hommage für Mozart« befindet sich im neuen Salzburger Kongresszentrum. Es ist ein klassisches Beispiel für ein sinnliches Element, das dazu dient, der Rationalität der Architektur eine besondere Note hinzuzufügen. So, wie Kunstgalerien häufig in puristischem Weiß gehalten sind, um mit ihrem Minimalismus die Schönheit der ausgestellten Kunstwerke zu betonen, so kann ein gelungenes Architekturkunstwerk einem nüchternen Innenraum Leben einhauchen.

2

1 »**Urban Ribbon**«, Hotel InterContinental, Toronto, Kanada, 2003, 6 x 3 m. Die geschwungene hinterleuchtete Glaswand hinter dem Rezeptionstresen besteht komplett aus zwei laminierten Scheiben Floatglas, auf das Emaillefarben gebrannt wurden.

2 »**Urban Ribbon**«. Die Nahaufnahme derselben Wand zeigt, wie die beiden übereinander gelegten Glasschichten zusätzliche Farben erzeugen.

 **»Liquid Veil«**, Hotel InterContinental, Toronto, Kanada, 2003. Reids zweiter Auftrag für das Hotel war dieses Werk in der Restaurant-Bar.

 **»Hommage für Mozart«**, Salzburger Kongresszentrum, Salzburg, Österreich, 2001. Die Arbeit im neuen Kongresszentrum erstreckt sich neben den Rolltreppen über zwei Etagen.

 **»Hommage für Mozart«**. Das gesamte Objekt besteht aus zwanzig Floatglasscheiben von je 3 x 1 m. Sie wurden mit Emaillefarben bemalt und besprüht.

 **»Hommage für Mozart«**. Der Auftrag bestand darin, in dem modernen Umfeld einen »romantischen Gegenpol« zu schaffen.

KATE MAESTRI

[1] **Sage-Zentrum**, Gateshead, England, 2004. Architekten: Foster and Partners. Sehr deutlich wird hier, wie die emaillebeschichtete geschwungene Glasbrüstung die gerundete Gebäudeform betont.

[2] **Sage-Zentrum**. Auf das Glas wurden transparente Emaillefarben aufgeschmolzen, mit einer Präzision, die bei minimalistischen Gestaltungsweisen stets erforderlich ist.

Kate Maestri folgt der Tradition von Josef Albers und all jenen, die sich nach ihm mit den Ausdrucksmöglichkeiten interaktiver Farben befassten. Sie vermeidet in ihren Werken nach Möglichkeit Texturen, erzählerischen Inhalt und ausdrucksstarke Anspielungen. Daher werden sie von Architekturpuristen besonders geschätzt. Es gibt keine konkurrierenden Rhythmen, dynamischen Prozesse oder Formen, die den Raum prägen. Durch diese Einfachheit des Entwurfs werden die Formen, die das Gebäude vorgibt, betont. In diesem Sinne ist Maestri eine klassische »Architekturkünstlerin«.

Es überrascht nicht, dass Maestri einen Wettbewerb gewann, bei dem es darum ging, eine 100 m lange Glasbrüstung in Tynesides spektakulärem neuen Livemusik-Zentrum »The Sage Gateshead« des Architekturbüros Foster and Partners zu entwerfen. Ihre Lösung erfordert, wie die meisten minimalistischen Werke, ein gewisses Vertrauen, da kaum etwas zu passieren scheint. Die zugrunde liegenden Ideen scheinen so einfach, und dennoch entsteht ein raumprägendes Ergebnis. Für die Glashersteller sind die technischen Anforderungen bei derartigen Entwürfen enorm, da bei reinem Glas, das ohne jegliche Details und Texturen auskommen muss, selbst die kleinsten Farbfehler auffallen.

Das gläserne Vordach an Londons Hanover Square (S. 122) wurde für ein architektonisches Umfeld entworfen, für das sich emaillebeschichtetes Glas anbietet. Es bereichert den öffentlichen Platz, die Gebäudefassade und den Eingangsbereich.

Das hinterleuchtete Fenster (S. 123) schließlich zeigt, dass sich Maestris Arbeiten auch für Wohnbereiche eignen. Im Gegensatz zu vielen Architekturglaskünstlern stellt Maestri regelmäßig in Galerien aus und verkauft Objekte, die als Wanddekoration gedacht sind und bereits von kundigen Sammlern erworben werden.

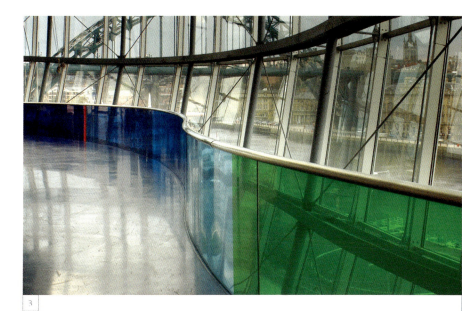

3 4 Sage-Zentrum. Die Gestaltung betont die Architektur, ohne sich ihr unterzuordnen oder ornamental zu wirken.

122 EMAILLEFARBEN AUF GLAS

5 **Hanover Street**, London, England, 2000, 4 x 1,5 m. Für das transparente Vordach aus gehärtetem, emaillebeschichtetem Glas wurde aus Sicherheitsgründen Verbundglas verwendet.

6 **Vauxhall**, Bridge Road, London, England, 2004. 13 x 1,8 m. Das transluzente Vordach besteht aus gehärtetem, emaillebeschichtetem Verbundglas. Die warmen Farben sind von weitem sichtbar und lenken den Blick auf den Eingangsbereich.

7 **St James's Street**, London, England, 2001, 8 x 2,4 m. Die gebogene Glaswand im Empfangsbereich eines Bürogebäudes wird nur von oben angestrahlt. Dennoch behalten die Emaillefarben auf der gesamten Fläche ihre Leuchtkraft.

8 **Privates Wohnhaus**, 2004, 2,5 x 6 m. Ein typisches Beispiel für Kate Maestris Arbeit: Die mit warmen Farben beschichtete Glasscheibe trennt ein künstlich beleuchtetes Arbeitszimmer von der Küchenanrichte.

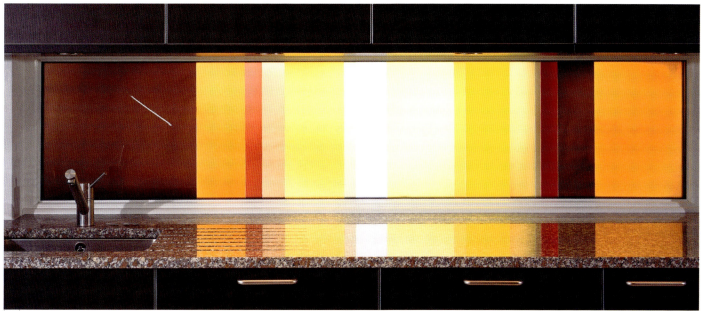

LAMINIERTES GLAS

Laminieren meint hier allgemein den Prozess, verschiedene Glasscheiben aufeinander zu schichten. Dazu gehört auch das Aufbringen geschliffener Glaselemente auf Floatglas mittels UV-Licht, das Aufbringen mundgeblasener Glaselemente auf Floatglas, das Verbinden von dichroitischen Glasscheiben und das Einbringen einer Zwischenschicht zwischen zwei Glasscheiben.

Viele Glaskünstler denken nur an mundgeblasenes Glas – häufig auch als »Antikglas« bezeichnet –, wenn sie von Glaskunst in der Architektur sprechen. Mundgeblasenes Glas wurde bereits vor über 1000 Jahren hergestellt, indem eine große, röhrenförmige Flasche aufgeblasen, an beiden Enden abgeschnitten und der so entstandene Zylinder geöffnet wurde, wodurch eine flache Scheibe entstand. Mundgeblasenes Glas gibt es in vielen verschiedenen Farben und Texturen. Es kann transparent oder transluzent sein, es kann eine dünne Farbschicht enthalten, die dann teilweise weggeätzt werden kann, was wunderschöne Farbtöne entstehen lässt. Viele, die sich mit Farbglas beschäftigen, sind von dem ersten Stück Antikglas, das sie in Händen halten, so hingerissen, dass sie ihr gesamtes Arbeitsleben diesem juwelenähnlichen Material widmen.

Antikglas auf Floatglas zu laminieren ist zeitaufwendiger, als es zu verbleien und zu löten. Jedes Glasstück muss abgeschliffen werden, damit die Kanten exakt aneinander passen. Bei komplizierten Formen müssen die Glasteile in genau passende Profile geschliffen werden.

Der Vorteil beim Laminieren von Antik- und Floatglas ist, im Gegensatz zum Verbund von Glaselementen durch ein Bleigitter, dass die Schönheit der Farben erhalten bleibt. Große Scheiben können zu fugen- und rahmenlosen Glaswänden zusammengesetzt und in moderne Gebäude integriert werden.

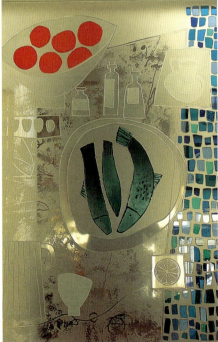

Laminierte Glasscheiben, privates Wohnhaus, London, England, 2004. Künstler: Yorgos Papadopoulos. Die Scheiben wurden vor ihrem Einbau vor einer grünen Rasenfläche hinterleuchtet fotografiert. Sonnenlicht streift die gebrochenen Kanten und verdeutlicht die dynamische Wirkung dieser Technik.

OBEN **McGraw Hill**, Empfangshalle, Canary Wharf, London, England, 2004. Künstlerin: Kate Maestri. Eine nur scheinbar einfache, hinterleuchtete laminierte Glasscheibe zeigt die dem mundgeblasenen Glas innewohnende Schönheit sowie die zarten Farben und einzigartigen Nuancen in jedem einzelnen Glaselement.

Glasscheibe im Innenraum, privates Wohnhaus, London, England, 2003. Künstler: Stuart Low. Die geätzte Glasscheibe wirkt durch die zahlreichen geschliffenen Antikglasstücke auf der Oberfläche lebendig.

»**In die Sonne**«, Glasscheibe für eine Friedhofskapelle, Engenhahn, Deutschland, 2005, 64 x 240 cm. Künstler: Guy Kemper. Diese Scheibe besteht aus zwei Schichten mundgeblasenen Glases, die auf Floatglas aufgebracht wurden, die eine Schicht aus geätztem, neongrünem, die andere aus leuchtend gelbem Antikglas. Das Detail oben zeigt die feinen Abstufungen der Gelb- und Grüntöne.

BERT GLAUNER

Nach dem Studium im Nachkriegsdeutschland wanderte der gebürtige Deutsche Bert Glauner in den 1960er Jahren nach Mexiko aus. Zwanzig Jahre lang arbeitete er dort als Goldschmied für mehrere große Firmen. Glas entdeckte er in den 1980er Jahren in einem Alter, in dem andere Leute in Rente gehen. Zeitgenössische Glaskunst war damals bei mexikanischen Architekten fast unbekannt, und Glauner trug maßgeblich dazu bei, auf diese neue Kunstform aufmerksam zu machen. In seinem Atelier hielten bereits viele international bekannte Glaskünstler Workshops und Seminare ab und er ermutigte Galerien und Museen dazu, Ausstellungen zu veranstalten.

»Kubos« in der Eingangshalle eines großen Wohnhauses, ist eine für Glauner typische Arbeit. Eine frei stehende monolithische Wand aus cremefarbenem, säuregeätztem Marmor wird von vier Glasformen durchdrungen, sodass auf jeder Seite vier sandgestrahlte Würfel sichtbar werden. In deren Inneren befinden sich kleine Skulpturen aus farbigen Glasstücken. Wenn die Hauptbeleuchtung eingeschaltet ist, werden verzerrte Bilder der Skulpturen auf die Würfeloberflächen projiziert. Da es sich um Projektionen handelt, verändert sich ihr Erscheinungsbild je nach Standpunkt des Betrachters. Die Formen der Würfel sind nie scharf umrissen und ihr Ursprung ist kaum erkennbar.

Für die Trennwand in einer Wohnung und die Sichtschutzwand auf einer Terrasse verwendete Glauner herkömmliches Bauglas, in dem er durch Sandstrahlen transluzente und transparente Bereiche erzeugte und das er zusätzlich mit gefärbten Glaselementen unterschiedlicher Textur beschichtete. Dazu verwendete er geschliffenes, hitzegeformtes und industriell beschichtetes Glas. Im Falle des Terrassensichtschutzes sind es gerade die verschiedenen Glasschichten, die das Ganze so dynamisch wirken lassen, weil das Sonnenlicht mit ihnen spielt und die Bildmotive auf dem Boden tanzen lässt.

| 1 | 2 | 3 | 4 |

Kubos, Mexiko Stadt, Mexiko, 2003. Architekt: D A Architectos. Die vier Würfel mit den Abmessungen von jeweils 95 x 38 x 38 cm bestehen aus 9 mm dickem Glas. Innen befinden sich mundgeblasene Glasskulpturen sowie die Beleuchtung.

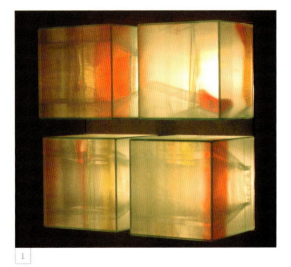

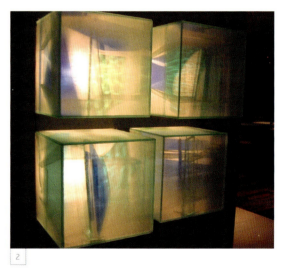

Terrassentrennwand, privates Wohnhaus, Morelos, Mexiko, 2000. Der Sichtschutz begrenzt eine große, schattige Terrasse. Verschiedene Farbglasarten mit unterschiedlichen Texturen, manche auch mit Farbeinschlüssen, wurden auf das Grundglas aufgebracht.

Glaswand im Innenraum, privates Wohnhaus, Mexiko Stadt, Mexiko, 2003. Auf der Glasscheibe wurden große Bereiche klar belassen. So entstand, wie gewünscht, eine Trennwand, die aus manchen Richtungen Durchblicke erlaubt.

PETER KUCKEI

Der Künstler Peter Kuckei hat sich mit Drucken, Ölgemälden und Designobjekten etabliert, seit Mitte der 1990er Jahre arbeitet er auch mit Glas. Er lebt in Deutschland und den Vereinigten Staaten und stellt in aller Welt aus. Kuckei glaubt, die Arbeit für »Place des Arts« könne anderen Künstlern ermutigend zeigen, was Glaskunst in der Architektur zu bewirken vermag. Die 125 m^2 messende Glasfassade eines vier Stockwerke hohen halbrunden Turms, des zentralen Baukörpers eines neuen Luxusapartmenthauses, ist von weitem zu sehen, betont das Gebäude und bestätigt dessen Namen »Platz der Künste«. Die Arbeit ist Kuckeis erster Beitrag zu einem Wohnhaus und steht für die kühnen Pläne des Bauherrn.

Die verhältnismäßig wenigen Glaskunstwerke Kuckeis bestehen meist aus einem Verbund aus mundgeblasenem Glas und Floatglas. Für Kuckei können leuchtende Farben und eine lebendig wirkende Textur nur mit mundgeblasenem Glas erzielt werden. Ihm ist das Gespür für das Material und seine Qualität überaus wichtig; das Arbeiten mit mundgeblasenem Glas empfindet er ähnlich wie das Malen mit Ölfarben. Die Beispiele zeigen, dass sich ein hohes Maß an Transparenz und eine private Atmosphäre nicht ausschließen. Dem raffinierten Entwurfsansatz liegt zugrunde, dass Kuckei die Farben der Landschaft ringsum zu einem integralen Bestandteil des Gesamtentwurfs machte.

Ein derartiges Werk kann nicht in wenigen Augenblicken erfasst werden. Je nach Tageszeit, Jahreszeit, Wetter und Blickwinkel erscheint jedes Fenster völlig anders. Nichts bleibt statisch – in diesen Entwurf flossen viele Erfahrungen und Gestaltungsvorstellungen ein.

1 **Place des Arts**, Fort Lauderdale, Florida, USA, 2005. Architekt: Shane Ames. Bauträger: Azur International. In dem Gebäude befinden sich Luxusapartments.

2 **3** **Place des Arts**. Das Gebäude hat vier Geschosse, jedes Stockwerk wird über neun etwa 1,15 x 3 m große Glasscheiben belichtet. Von innen gesehen, sind die Farben des Außenraums, das Grün der Palmen und die Blautöne des Himmels Teile des Entwurfs.

4 **Place des Arts**. In der Morgensonne Floridas erzeugt das mundgeblasene Glas auf dem Boden schimmernde, wechselvolle Farbspiele. Das halbtransparente Glas offenbart etwas vom Außenraum, ohne Einblicke von außen zu ermöglichen.

DOROTHY LENEHAN

Dorothy Lenehan hat an der Umsetzung ihrer Entwürfe fast so viel Freude wie an diesen selbst. Sie malt und zeichnet seit ihrer Kindheit, doch ihr wahres Interesse galt schon immer der Herstellung von Objekten: Als sie anfing, mit Glas zu arbeiten, spürte sie, dass sie endlich das ideale Material gefunden hatte. 1983 zog Lenehan nach San Francisco, um Narcissus Quagliatas (S. 156, 157) äußerst anspruchsvolle und detaillierte Bleiglasporträts herzustellen. Später arbeitete sie mit an seinen Großformaten aus Schmelzglas, wobei sie immer mehr Geschick für die Glasbehandlung entwickelte. Seit Mitte der 1990er Jahre hat Lenehan ein eigenes Atelier.

Die Trennwand im Pacific-Bell-Bürohaus besteht aus 12 mm dickem, gehärtetem Rohglas, das auf beiden Seiten sandgestrahlt und geätzt wurde und auf dessen Oberfläche geschliffene und geätzte Elemente aus mundgeblasenem Glas geklebt wurden. Da das Glas auf beiden Seiten bearbeitet wurde, überlagern sich die Bildmotive. Die tragenden Edelstahlelemente wurden von Dennis Luedeman entworfen. Die »Glastüren« für Macy's Union Square wurden in denselben Techniken hergestellt und ebenfalls auf beiden Glasseiten bearbeitet. Sie sind wie die Trennwand äußerst präzise ausgeführt, sie lösen eine schwierige Aufgabe mit einer minimalistischen Konstruktion.

Wie viele Künstler, die mit mundgeblasenem Glas arbeiten, entwirft Lenehan hauptsächlich mittels Collagen aus farbigem Papier, das sie faltet und klebt und auf dem sie zeichnet und malt. »Ich arbeite sehr gerne mit schönen Farben. Um richtig transparente Farben zu erzielen, arbeite ich mit mundgeblasenem Glas, gewöhnlich Überfangglas, sodass ich mit Säure den gewünschten Farbton heraussätzen kann. Es geht nichts über das Licht, das durch eine schöne mundgeblasene Glasscheibe hindurchscheint. Dies gilt sowohl für Flachglas als auch für die dickeren runden Scheiben, die ich mundgeblasen habe und dann breche und poliere, um sie als ›Steine‹ bei manchen Glasobjekten zu verwenden.«

1 **Bürohaus Pacific Bell**, San Francisco, USA, 1999. Detail der Glaswand, auf dem zu erkennen ist, dass das Glas von beiden Seiten bearbeitet wurde.

2 **Bürohaus Pacific Bell**. Die Trennwand besteht aus einer Kombination von sandgestrahlten, geätzten und aufgeklebten mundgeblasenen Glaselementen.

»Unsichtbare Zäune«, Macy's Union Square, San Francisco, USA, 2000. Die Eingangstür ermöglicht es, nach Ladenschluss die Verkaufsbereiche vom Restaurant darüber zu trennen. Im geöffneten Zustand schwingen die Glastüren um 270 Grad und werden Bestandteil der seitlichen Glaswände.

»Unsichtbare Zäune«. Dieses Detail zeigt das geätzte, bemalte und mundgeblasene Glaselement vor dem geätzten Muster des Grundglases.

SACHIKO YAMAMOTO

Nach ihrem Studium der Glaskunst in Swansea in Wales kehrte Sachiko Yamamoto nach Japan zurück, um dort zu arbeiten. Zur Farbglaskünstlerin ausgebildet, war es jedoch ihr Ziel, raumhohe Glasscheiben herzustellen und in diese die Schönheit von mundgeblasenem Glas zu integrieren, ohne die vielen Einschränkungen, die die Arbeit mit Blei mit sich bringt, in Kauf nehmen zu müssen. Sie hatte schon immer Freude am Funkeln geschliffener Glaskanten im Licht. Schließlich fand sie ein weiches, transparentes Klebeband, mit dem sich geschliffene Glasteile auf jeweils eine Kante entlang einem nur 3 mm breiten Streifen zusammenkleben ließen, wobei die jeweils andere Kante dagegen dem Licht ungestört ausgesetzt blieb. Mit dieser für ihre Vorstellung von Glaskunst idealen Technik überzeugte sie auch ihre Auftraggeber.

Einen Auftrag an Yamamoto zu erteilen führt zu einer wahren Gemeinschaftserfahrung. Die Künstlerin bindet ihre Kunden gerne so weit wie möglich in den Entwurfsprozess ein, sodass sich mit den eingebauten Glasschei-

1 Ei der Erde, Hamamatsu, Japan, 2004. Architekt: Masahito Nagata. Das Bild zeigt den Eingangsbereich eines Firmenhauptsitzes. Das einfache Muster besteht aus Tausenden kleiner, in Blau- und Grüntönen gehaltener Glassteinchen, wobei die Blautöne zum Boden hin dunkler werden.

2 Machida-Kirche, Tokio, Japan, 2001. Die neun Glasscheiben dieses Fensters bestehen aus Tausenden wiederverwendeter gelber Glasteilchen von der alten Kirche – ein einfaches Prinzip mit starken Lichteffekten.

3 Kapelle, Seigakuin-Universität, Saitama, Japan, 2004. Architekt: Hisao Koyamo. Das Detail zeigt die kleinen quadratischen Farbglasteilchen auf dem Grundglas. Viele Zwischenbereiche enthalten Buchstaben aus Glasstreifen, aus denen Studenten Bibeltexte zusammengesetzt haben.

4 Kapelle. Acht rahmenlose Scheiben werden oben und unten in Nuten gehalten. Sie ergeben ein modernes rahmenloses »Fenster«, das zur Architektur des Gebäudes und seinem äußeren Erscheinungsbild passt.

ben dann alle Beteiligten identifizieren können. Hat Yamamoto einen Entwurf ausgearbeitet, überlässt sie das Zusammensetzen der winzigen Glasstücke und den Verbund dieser Stücke mit dem Grundglas zum großen Teil dem Kunden – häufig eine Schule oder Kirche. Viele Auftraggeber haben zunächst Bedenken angesichts der Schwierigkeiten, der Verantwortung oder der für die Ausführung erforderlichen Präzision, doch ist gerade die Bewältigung derartiger Ängste erforderlich, um Kunst zu schaffen, die vielen gehört. Wird Glas zugeschnitten, wird es zuerst entlang einer geraden Linie gebrochen. Die ungeschliffene Kante zeigt dann einen ganz individuellen Charakter. Wenn Yamamoto alle Bruchstücke so anordnet, dass das Licht durch die gebrochenen Kanten durchscheinen kann, glitzern diese in der Sonne. Bewegt sich der Betrachter, entsteht ein Funkeln. Yamamotos Entwürfe sind bestimmt durch einen zurückhaltenden Umgang mit Farbe, damit das Licht, das sich im Glas bricht, den dominierenden Effekt erzeugt.

[1] **Eingangshalle**, Finanzzentrum Hongkong, 2004. Das außergewöhnlich große, hinterleuchtete Glasobjekt besteht aus acht einzelnen Wänden mit je 42 handbemalten Rohglasscheiben.

[2] **Eingangshalle**. Wie so oft in der Architektur tragen gerade die Details – hier die Halterungen aus Bronze, die zusammen mit dem Innenarchitekten entworfen wurden – zur eindrucksvollen Gesamtwirkung bei.

Eddy Chan aus Hongkong betreibt ein Atelier, in dem er mit großem Können fast alle Techniken der Glaskunst anwendet, vom Schmelzen und Bemalen von Glas bis zum Herstellen von Verbundglas mit Gießharz.

Mit dem Verbundglas, das in den letzten Jahren immer populärer wurde, können völlig neue Effekte erzielt werden. Im Abschnitt »Architektur und Glas« wurde bereits beschrieben, wie farbiges Verbundglas immer breitere Verwendung fand. Hier sei erläutert, wie Ateliers technische Fortschritte nutzen, um Glas zu bemalen und dann das Bildmotiv dauerhaft zwischen zwei Glasschichten einzuschließen, zur Sicherheit und zum Schutz der bemalten Oberfläche.

Eddy Chan arbeitet eng mit Architekten und Innenarchitekten zusammen, um durch dekorative Elemente Innenräume aufzuwerten. Darüber hinaus lotet er die Grenzen des Machbaren aus und experimentiert ständig mit neuen Techniken, was auch anderen Designern hilft, ihre Ideen zu verwirklichen. Als Chinese geht Chan mit einer anderen ästhetischen Grundhaltung an seine Arbeit heran als jene Künstler, die einen eher westlichen oder europäischen Hintergrund haben. Gelb-, Rot- und Goldtöne sind zentrale Bestandteile seiner Farbpalette; sie machen einem bewusst, wie verhältnismäßig selten man diese Farben in der westlichen Kunst findet.

Das Aufschmelzen von Emaillefarben ist nicht gerade Chans Lieblingsmethode, vielleicht, weil er nicht von der europäischen Tradition des Farbglases herkommt. Seine Werke sind eher von der chinesischen Tradition der Glashandmalerei geprägt. Häufig bemalt er eine Scheibe mit speziellen Harzfarben und bedeckt sie dann mit zwei weiteren Glasschichten. Zusätzliche Effekte werden oft später durch Sandstrahlen und Ätzen auf die äußere Schicht aufgebracht – wie an der Trennwand in einem Wohnhaus zu sehen ist.

3 **Wandschirm**, Wohnhaus, Regalia Bay, Hongkong, 2004. Die hinterleuchtete Glaswand besteht aus drei je 1 x 2,5 m großen Scheiben, die vor einem Spiegel angebracht sind.

YORGOS PAPADOPOULOS

Die Werke der meisten Künstler sind von einem bestimmten Stil gekennzeichnet. Auch der junge, in Zypern geborene Künstler Yorgos Papadopoulos hat seinen Stil bereits gefunden; darüber hinaus entwickelte er mit Mitte zwanzig eine völlig neue Technik. Unmittelbar nach dem Abschluss eines zweijährigen Aufbaukurses für Glasarbeit an Londons renommiertem Royal College of Art, 1999, befasste er sich mit neuen Entwicklungen, während andere Künstler sich noch von seinen bis dahin entstandenen Werken anregen ließen.

Glas ist ein zerbrechliches Material. Es kann zum Ärger vieler Künstler zerschlagen werden, brechen oder platzen. Papadopoulos nutzt diese Eigenschaften bewusst aus. Er beginnt die Herstellung seiner Glasobjekte damit, sorgfältig ausgewählte Bereiche einer Scheibe in eine Art »Brei« aus Bruchstücken zu zerschlagen. Dann füllt er die entstandenen Sprünge mit Farben. Nach dem Säubern bedeckt er die Oberfläche mit einer weiteren Glasscheibe, wodurch ein Dreifachverbund entsteht mit einer lebendig wirkenden Innenschicht. Mit zurückhaltender Farbgebung erzielt Papadopoulos wunderschöne Ergebnisse. Die fertigen Objekte wirken natürlich und organisch, sie erzählen von Brüchen, explodierenden Spannungen, Wachstum und Bewegung.

Papadopoulos macht kein Geheimnis aus seinen Techniken, er veröffentlicht sie in dem Wissen, dass er noch eine Menge anderer Ideen hat. Mit Anfang dreißig behauptet er heute, wieder an etwas Neuem zu arbeiten. Technik ist nur ein Mittel zum Zweck, Kunst entsteht nicht durch das Anwenden irgendeiner Technik – Papadopoulos beweist das mit der ungewöhnlichen Kombination von künstlerischer Kreativität, einfallsreicher Anwendung von Techniken und solidem Kunsthandwerk.

1 **Privates Schwimmbad**, London, 2004. Die vier Glasscheiben sind mit einem zentral geregelten Lumitron-LED-Leuchtsystem (Dicke 30 mm) hinterleuchtet.

[2] **»Grove«**, Canary Wharf, London, England, 2005. Die Installation basiert auf dem Symbol des Olivenbaums. Die drei Glasscheiben ergeben eine Art Labyrinth, wobei die verschiedenen Elemente Teile eines zerbrochenen Ganzen zu sein scheinen.

[3] [4] **»Grove«**. Auf den Detailaufnahmen erkennt man die Glasbruchstücke und die zwischen den Bruchstücken verlaufenen Farben. Sie sind in der Mitte dunkler und laufen nach außen in organischen, fast geologisch wirkenden Formen aus, die ihrerseits eher wie willkürlich entstandene Farbflecken als wie absichtsvoll gemalte Motive wirken.

138 CHRIS WOOD

Chris Wood studierte zunächst Möbeldesign, doch ihr Interesse an Licht führte sie zur Beschäftigung mit den physikalischen und optischen Eigenschaften von Glas. Sie studierte Glaskunst am Royal College of Art in London, wo sie an großformatigen Projekten arbeitete, die mit Licht und Raum zu tun hatten. Nachdem sie das RCA abgeschlossen hatte, war sie eine Weile als Projektmanagerin tätig und organisierte Installationen für den britischen Glasbildhauer Danny Lane.

Wood erstellt experimentelle Installationen für Ausstellungen. Ihre Offenheit für neue Ansätze ist ein wesentliches Element ihrer Arbeit, sie erweitert ihr optisches Vokabular und ihr Verständnis von Licht und seiner Wechselwirkung mit Glas. Aufgrund ihres Fachwissens erhält Wood auch Aufträge aus den Bereichen Architektur und Innenarchitektur. Einen Kontrast zu deren optischer Komplexität bildet die Einfachheit ihrer eigenen Arbeiten, für die Wood sehr genaue Vorstellungen und Ziele hat.

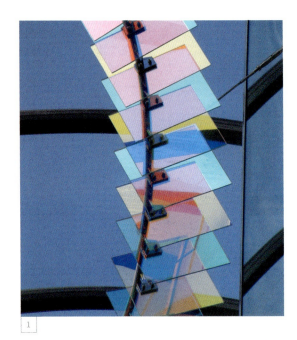

1 **Sackville House**, nahe Cambridge, England, 2004. Einige der 48 dichroitischen Glasscheiben, die je nach Sonneneinfallswinkel verschiedenfarbiges Licht auf die weißen Wände ringsum reflektieren.

2 **Sackville House**. Das ovale Objekt misst 3,2 m im größten Durchmesser. Es hängt im zentralen Atrium eines kleinen Verwaltungsgebäudes des Gesundheitszentrums.

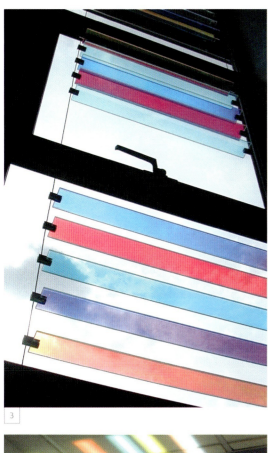

»**Lichtleiter**«, Papworth-Krankenhaus, nahe Cambridge, England, 2003. Das Glasobjekt, für das nur ein begrenztes Budget zur Verfügung stand, gestaltet die große Wandfläche im Treppenhaus eines neuen Krankenhausanbaus. Es besteht aus abgehängten dichroitischen Glasscheiben, die, von natürlichem oder künstlichem Licht beleuchtet, wechselnde farbige geometrische Formen auf die gegenüberliegende und die angrenzende Wand projizieren.

Ihre hier vorgestellten Objekte bestehen aus dichroitischem Glas, ein Material, das Glaskünstler wegen seiner kinetischen Eigenschaften heutzutage häufig verwenden. Dichroitisches Glas erscheint zweifarbig, die eine Farbe transparent, die andere reflektierend, jeweils am entgegengesetzten Ende des Farbspektrums. Das Glas kann beispielsweise blaues Licht hindurchlassen und rotes Licht reflektieren. Es ist teuer, steht aber für viele verschiedene Farbenpaare zur Verfügung, die sehr rein und dynamisch erscheinen.

Wood entwirft minimalistische Strukturen, die klare, einfache Anordnung der Glaselemente erfordern. Diese treten in Wechselwirkung mit natürlichem oder projiziertem Licht und erzeugen so komplizierte und wechselvolle Lichtmuster. Die Arbeiten sind als Experimente konzipiert, sie fesseln den Betrachter durch ihre optischen Eigenschaften, die sich je nach Position des Betrachters und Eigenschaften der Lichtquelle verändern.

JOSÉ FERNÁNDEZ CASTRILLO

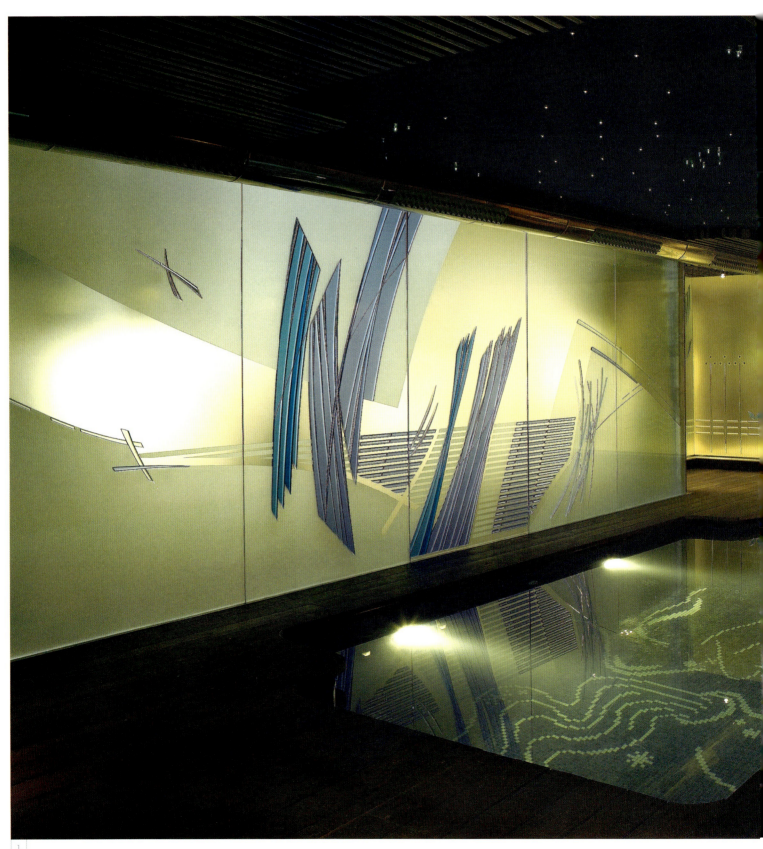

JOSÉ FERNÁNDEZ CASTRILLO

Der Spanier José Fernández Castrillo entwickelte eine Methode zur Umsetzung seiner Glasentwürfe, die vor ihm kein Künstler je angewandt, geschweige denn bis zu seiner Präzision und Meisterschaft vervollkommnet hatte. Mit einer computergesteuerten Schleifmaschine erstellt er Glasscheiben, die zwar als Einzelanfertigungen erkennbar sind, jedoch trotz der Vielzahl ihrer Bestandteile derart präzise ausgeführt sind, wie es nur mit einer digital gesteuerten Maschine möglich ist.

Ende der 1970er Jahre begann Castrillo, wie viele Künstler mit Bleiglas zu arbeiten. Danach befasste er sich mit Betonglas (in Beton eingeschlossene Glassteine) und stellte schließlich äußerst minimalistische Floatglasscheiben her. Da er die Arbeiten in Kunstgalerien ausstellen wollte, mussten es frei stehende Objekte sein, die keine Hinterleuchtung erfordern, leicht in einer Galerie aufgestellt und von allen Seiten betrachtet werden können, um die man herumgehen und die man mit nach Hause nehmen kann. Sein Grundmaterial waren Scheiben schlichten Floatglases, für die er einfache aber elegante Ständer entwarf. Die Scheiben, häufig 80 x 80 cm groß, konnte er bemalen, sandstrahlen, ätzen und mit Elementen bekleben. Diese Methode verlieh seinen Werken eine gewisse Einfachheit und lässt sie wie minimalistische Gemälde wirken. Auf diese Art entwickelte er im Laufe der Jahre die Techniken, die entscheidend für seine spätere künstlerische Sprache werden sollten.

Castrillo stellt seit mindestens zwanzig Jahren Fenster und Trennwände für Gebäude her. Es sind Objekte von architektonischer Qualität in einer Kombination von Minimalismus und Energie. Einige sind sehr farbenfroh, andere kommen völlig ohne Farbe aus. Alle Werke zeichnen sich jedoch durch eine höchst taktile, sinnliche Qualität aus und scheinen, gerade weil Glas so glatt und gerade ist, den Besucher geradezu aufzufordern, sie anzufassen und zu befühlen.

1 »Riu« (Fluss), Xerta, Tarragona, Spanien, 2004, 6,6 x 2,4 m. Die Glastrennwand ist typisch für Castrillos Arbeiten. Seine Projekte strahlen häufig eine ungewöhnliche Mischung aus Dynamik und Heiterkeit aus.

142 LAMINIERTES GLAS

2 »**Raigs X« (Röntgenstrahlung)**, Barcelona, Spanien, 1997. Das Detail einer Glasscheibe, die für eine Klinik hergestellt wurde, zeigt die dreidimensionale Wirkung des Werks. Die Formstücke wurden in parallelen Linien geschliffen, die unterschiedlichen Profile haben klare und matte Oberflächen.

3 »**Rushes«**, Wohnhaus, Canterbury, England, 2003, 3,2 x 2,4 m. Die einfache Trennwand aus einer einzigen Glasscheibe wiegt 350 kg. Morgens und abends wird sie von der Sonne beschienen, wodurch Farben auf Boden und Wände projiziert werden.

4 »**Concepto Espacial« (Raumkonzept)**, Terrassa, Barcelona, Spanien, 2003, 2,1 x 2,1 m. Das Detail dieser Glasscheibe zeigt die Vielfalt der Profile, die Castrillo herstellen kann sowie die verschiedenen Farben der kleinen, sorgsam eingefügten Glaselemente.

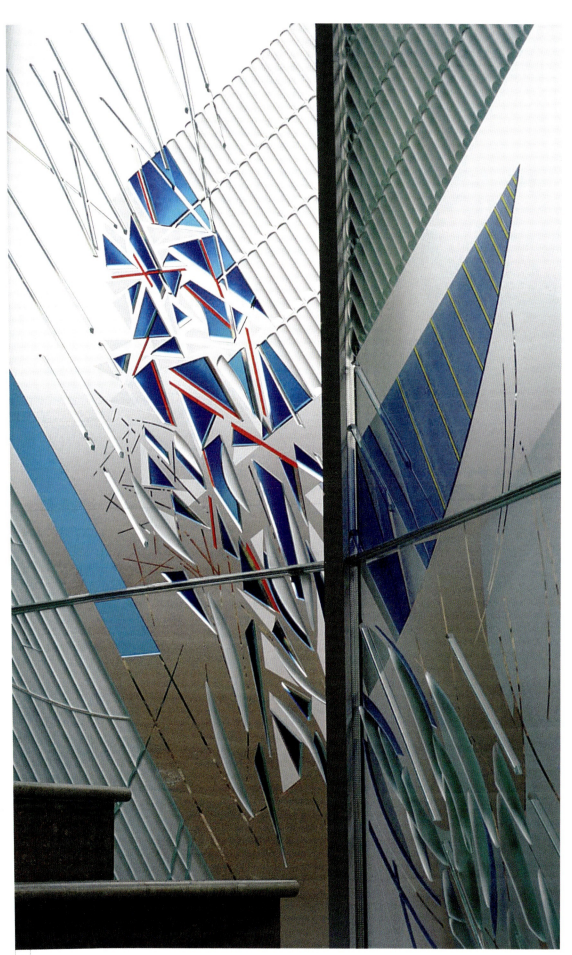

»Encuentro Entropico« (Entropisches Treffen), Wohnhaus, Alella, Barcelona, Spanien, 1999, 5,2 x 4,5 m. Ausschnitt aus dem Treppenhaus eines Wohnhauses: Die Außenwand besteht aus fünf Glasscheiben, die um die Ecke geführt sind.

TOM PATTI

Tom Patti arbeitet seit 35 Jahren mit Glas. Er schloss das New Yorker Pratt Institute mit einem Master in Industriedesign und Architekturtheorie ab. In den 1960er Jahren beschäftigte er sich dann mit E.A.T. (Experimente in Kunst und Technologie), einem Projekt, das er zusammen mit Robert Rauschenberg zur Förderung der Zusammenarbeit zwischen Künstlern und Ingenieuren gegründet hatte. Bei der Glasherstellung bewegte sich Patti stets an den Grenzen des technisch Machbaren, er entwarf kleine Ausstellungsobjekte für Galerien, nahm aber auch große Architekturaufträge an. Alle Werke werden in seinem eigenen Atelier gefertigt, sodass er in jeder Herstellungsphase Einfluss nehmen kann.

Eines der neuesten Projekte Pattis besteht aus fünf jeweils in einem Stück hergestellten Glasscheiben, die über einem runden Atrium in einem neuen Apartmentkomplex in der Lower West Side von Manhattan aufgehängt sind. Die Scheiben sind an drehbaren Halterungen unter einem Lichtgaden montiert und werden von Tageslicht und künstlichem Licht angestrahlt. Patti verleiht jedem Glasstück Textur, indem er es schleift und mehrere Schichten aus gemustertem Glas kombiniert. Die farbigen Flächen erzeugt er, indem er farbiges Glas- und Kunststoffelemente hinzufügt. So verändern sich die Farben des Objekts, wenn der Betrachter seinen Standort oder sich die Richtung des Lichteinfalls ändert. Auf dem Bild unten sind große Bereiche der Glasscheiben purpurrot und blassblau, auf dem Bild der gegenüberliegenden Seite erscheinen dieselben Bereiche in derselben Reihenfolge creme- und purpurfarben. Eine Besonderheit von Pattis Glasobjekten sind die abwechslungsreichen Farbmuster, die sie auf den Fußboden und auf die Wände zaubern.

Die Fenster im Bahnhof Queens in New York (S. 146, 147) entstanden in Zusammenarbeit mit den Architekten Fox & Fowle. Patti bedient sich minimalistischer Formen, die regelmäßig unterbrochen werden, um die Architektur spannender erscheinen zu lassen. Die farbigen Flächen bereichern die Glasfenster, den Raumeindruck, die Architektur des Gebäudes und das Stadtbild.

1 »**Lichtmonitor**«, Morton Square, Greenwich Village, New York, USA, 2004. Je nach Blickwinkel erscheinen die fünf Glasscheiben in anderen Farben.

2 »**Lichtmonitor**«. Die fünf Glasscheiben, jede ungefähr 1 x 3 m groß, bestehen aus einem Verbund von Bauglas, Reliefglas und farbigem Kunststoff. So entstehen verschiedene Formen und Farben.

146 LAMINIERTES GLAS

3 »**Passagen 2004**«, Bahnhof Roosevelt/74th, New York, USA, 2004, 18 x 3,5 m. Das Bild zeigt eine Momentaufnahme des Gebäudes, da die Fenster ihre Farben je nach Lichteinfall und Standort des Betrachters ändern.

4 »**Passagen 2004**«. Das Detail zeigt, wie die gerippten Glasoberflächen das Fenster bereichern. Die verschiedenen Farben werden durch die unterschiedlichen Neigungswinkel der Glasscheiben erzeugt.

5 »**Passagen 2004**«. Die Innenraumansicht zeigt das formal-geometrische Design der Fenster, die sich harmonisch in die Bahnhofsarchitektur einfügen.

6 »**Spectral-Luma Ellipse**«, Museum of Fine Arts, Boston, USA, 2000, 6 x 3 m. Der Eingang zur Gund-Galerie besteht aus Verbundglasscheiben mit eingelegten, speziell gefertigten Folien. Streift Licht die Oberfläche, reagiert das Glas auf unterschiedliche Weise.

ABGESENKTES GLAS UND SCHMELZGLAS

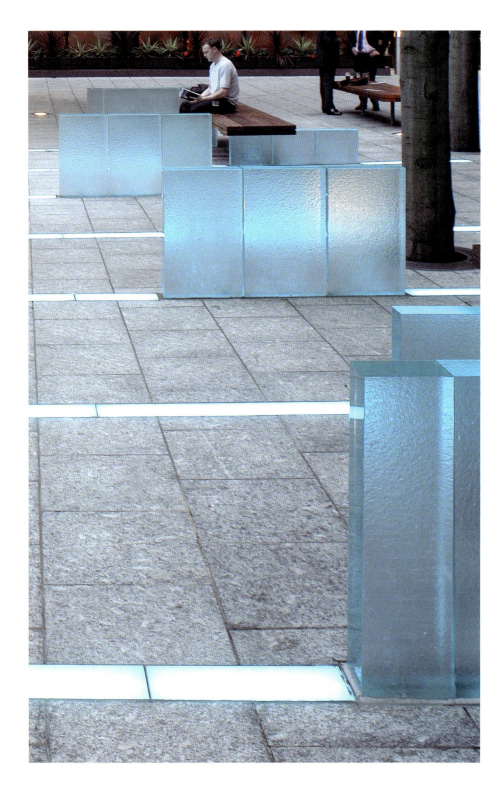

Abgesenktes oder heißverformtes Glas hat immer noch nichts von seiner Faszination verloren. Dies mag daran liegen, dass eine flache, glatte und daher irgendwie künstliche Glasscheibe durch Erhitzen über einer Form in ein wunderbar organisch und natürlich wirkendes individuelles Objekt verwandelt werden kann. Viele auf diese Technik spezialisierte Manufakturen bevorzugen dennoch möglichst gleichartige Produkte, damit sie sie in größerer Stückzahl herstellen und in einem Katalog anbieten können.

Abgesenktes Glas kann zum Beispiel gefärbt werden, indem Emaillefarben mit verschiedenen Verfahren aufgebrannt werden. Die dafür optimalen Temperaturen liegen allerdings deutlich unter denen für das Schmelzen von Glas, weshalb die Farben auf unvorhergesehene Weise reagieren. Man kann auch mit kalten Farben arbeiten, zum Beispiel durch Sandstrahlen unter Hinzufügung von Pigmenten, oder mit transparenten Farben, die auf das Glas aufgesprüht werden, nachdem zuvor die gewünschte Oberflächenstruktur hergestellt worden ist.

Bei der Schmelzglasherstellung werden mehrere aufeinander liegende Glasschichten bei sehr hohen Temperaturen erhitzt, bis sie ineinander übergehen. Es gibt Farbgläser, die speziell dafür hergestellt werden.

Glas ist zum Inbegriff von makellos glattem Material ohne Unebenheiten geworden, es ist gewissermaßen perfekt durch Unsichtbarkeit. Licht scheint hindurch, doch das Glas wird dabei kaum wahrgenommen – ein höchst unnatürliches Produkt. Durch Hitze abgesenktes Glas allerdings kann wie ein Objekt wirken, das in einem viele Jahrhunderte dauernden Prozess durch Überspülen mit Meerwasser erodiert ist, einfallendes Licht festhält und es in seinen Rissen und Rillen zum Funkeln bringt.

Sitzplätze im Freien, Boadgate, London, England, 2003, 90 x 50 cm. Architekten: SOM. Die Oberflächen der jeweils 13 cm dicken und 130 kg schweren Glasscheiben wurden mit einer Struktur versehen und die Kanten blank geschliffen.

ABGESENKTES GLAS UND SCHMELZGLAS 149

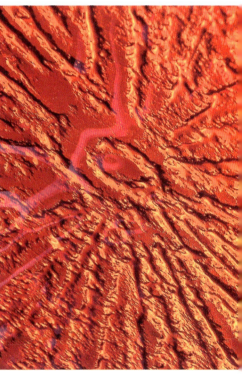

OBEN LINKS **Synagoge der Präsidentenresidenz**, Jerusalem, Israel, 2002. Künstlerin: Mira Maylor. Die drei Fenster bestehen aus Glas, das sandgestrahlt und mit kalten Harzfarben handbemalt wurde. Dadurch erstrahlen die Scheiben in einem funkelnden Licht.

»Fountain Wall«, Garten eines privaten Wohnhauses, San Francisco, USA, 1997. Künstler: John Lewis. Für dieses Objekt wurde flüssiges Glas in eine Graphitform gegossen. Dadurch wirkt die Oberfläche der 30 mm dicken Glasblöcke wie die von Naturstein.

OBEN RECHTS **»Ozon-Scheibe«**, 2000. Das Detail einer Schmelzglasscheibe zeigt, wie zwei transparente Farbpigmente verschiedene Reflexionen und farbliche Varianten erzeugen.

FLORIAN LECHNER

St.-Canisius-Kirche, Freiburg, Deutschland, 1977. Schmelz- und emaillebeschichtetes Floatglas – erst zwanzig Jahre später begannen andere Glaskünstler, sich intensiv mit der Verwendung dieser Glasarten zu beschäftigen. Für diese Arbeit erhielt der Künstler von Max Bill den »Exempla-Preis München 1977«.

Der deutsche Künstler Florian Lechner arbeitete bereits mit durch Absenken geformtem Glas und mit Schmelzglas, als viele seiner jüngeren Kollegen noch gar nicht geboren waren. Abbildung 1 zeigt eine frühe Auftragsarbeit in Freiburg: 25 mm dicke, strukturierte und gebogene Schmelzscheiben aus mehrschichtig bemaltem Floatglas. Lechners erste große Skulptur, eine Säule aus Glas, die hier nicht abgebildet ist, wurde 1974 in Regensburg aufgestellt. Sie besteht aus 32 geschmolzenen Glaselementen und war damals die größte ihrer Art. Im Jahr 1982 installierte Lechner in München einen monumentalen, fast 7 m hohen oktogonalen Glasbrunnen, der aus drei zusammengefügten Schichten geschmolzenen und hitzegeformten Glases besteht. Der Künstler entwickelte hierfür eine spezielle Technik, die vom Fraunhofer-Institut getestet wurde und die er später patentieren ließ.

Lechner studierte drei Jahre an der Werkakademie in Kassel sowie Bildhauerei und Malerei in Paris. Mitte der 1960er Jahre beschäftigte er sich drei Jahre mit speziellen Verfahren zur Herstellung von Kunst- und Industrieobjekten aus Glas. Aufgrund seiner vielfältigen, in Theorie und Praxis erworbenen Fähigkeiten hatte er von Anfang an eine Vorreiterstellung bei der Suche nach neuen Möglichkeiten, Glas jenseits der im Kunstbetrieb akzep-

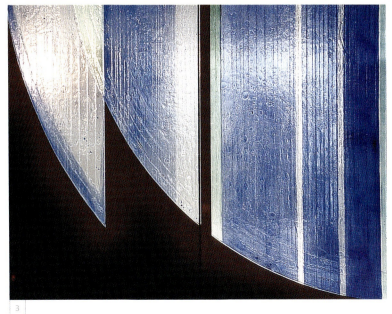

| 2 | **Münchener Rückversicherung**, Londoner Firmenzentrale, England, 1987. Raumhohe Schmelzglaswand mit auf- und eingeschmolzenen Farben für die repräsentativen Londoner Büros. | 3 | **Flughafenkapelle München**, Deutschland, 1989/90. Das Fensterdetail deutet eine Bewegung ähnlich der eines Dirigenten an. |

tierten Grenzen einzusetzen. Glas als Material für hängende Skulpturen zu verwenden stellt immer eine Herausforderung dar. Glas ist schwer, zerbrechlich und potentiell gefährlich. Die Kunst besteht darin, die notwendigen Halterungen so auszuführen, dass sie nicht vom Glas ablenken oder es dominieren. Gerade Künstler, die mit geringem Budget auskommen müssen, empfinden diesen Aspekt als Herausforderung. An den Skulpturen in Weiden und Rouen (S. 152) sieht man, wie erfolgreich derartige Probleme mit Lechners patentierten Methoden gelöst werden können. Wie Renato Santarossas Werke (S. 160, 161) werden auch Lechners Werke hauptsächlich

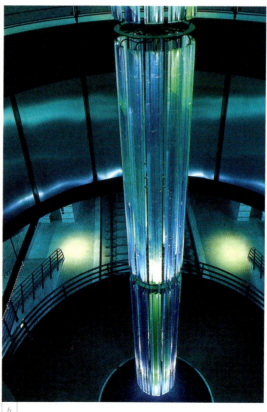

4 **Prismensäule**, Kongresszentrum Weiden, Deutschland, 1992. Architekten: Kaup, Scholz + Partner. Das außergewöhnlich schöne Glasobjekt passt hervorragend zur Architektur des Gebäudes.

5 **6** **Beleuchtete Glassäule**, Rouen, Frankreich, 1995, Höhe 11 m. Architekt: Yves Couloumne. Die Säule aus 36 Glasprismen steht im Hauptbahnhof von Rouen.

von Licht, Form und Oberflächenbeschaffenheit bestimmt, Farbe ist dabei nur ein Nebenaspekt. Doch in jüngerer Zeit, etwa bei seiner kinetischen Glasskulptur in Wunsiedel (S. 153), untersucht er auch die Wirkung von Farbe als zentralem Bestandteil seiner Kunst.

7 **Glas-Farben-Spiel**, Wunsiedel, Deutschland, 2003, Höhe 3,4 m. Wenn sich die Skulptur nachts dreht und die farbigen Glasscheiben dabei um ihre eigene Achse rotieren, ergeben sich faszinierende Farbenspiele.

8 **Glas-Farben-Spiel**. Die Skulptur wird vollständig von Farbe, Licht und Bewegung bestimmt, ohne jede Bewegung der Form oder Veränderung der Oberfläche der Glastafeln.

THIERRY BOISSEL

Der Franzose Thierry Boissel lebt und arbeitet seit über 15 Jahren in München. Er begann seine Laufbahn als Farbglaskünstler, war jedoch stets unzufrieden mit den Ausdrucksmöglichkeiten, die Farbglas in der modernen Architektur bietet. Es war für ihn daher wie eine Offenbarung, als er zum ersten Mal mit Schmelzglas in Berührung kam. Dies war der Anfang eines zehn Jahre währenden Entdeckungsprozesses. Besonders faszinierend empfand er, wie abgesenktes Glas und Schmelzglas Licht formen und transformieren kann, und fortan galt sein Interesse besonders den vielfältigen Texturen, die mit diesen Techniken hergestellt werden können, und ihrem Einfluss auf das einfallende Licht.

Mit dem abgebildeten Projekt reagiert Boissel auf einen spezifischen architektonischen Kontext, indem er Rechtecke und Farben interagieren und sich überlagern lässt. Vertraut ist er auch mit gotischen Bauten, bei denen die aufgeraute, strukturierte Oberfläche von Schmelzglas sehr gut mit dem Mauerwerk harmoniert; es passt hervorragend zu diesen Gebäuden, da es raumabschließend wirkt und zugleich Licht einlässt, ohne mit der Konstruktion in Konkurrenz zu treten. Diese Konkurrenz ergibt sich häufig, wenn modernes Floatglas mit seiner absolut glatten Oberfläche in Öffnungen von erodierten Mauern eingesetzt wird.

Für Boissel haben die heute üblichen Techniken wie das Aufschmelzen von Emaillefarben und das digitale Bedrucken keinen Platz in der Kunst, er zieht das Auftragen der Farben von Hand dem Siebdruck vor. Boissel ist Purist und er findet, Maschinen oder mechanisierte Prozesse haben in der Kunst nichts verloren.

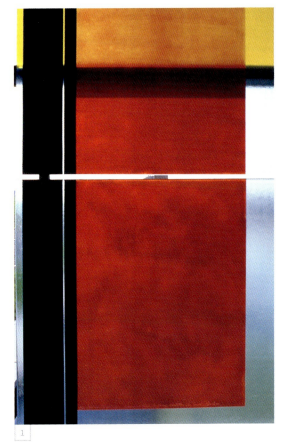 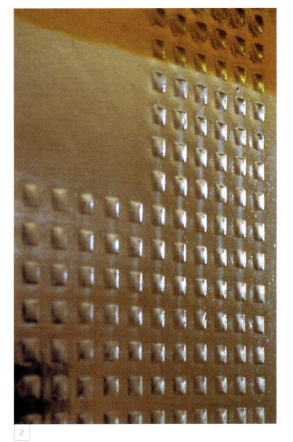

1 Empfangszimmer eines Bestattungsunternehmens, Neubiberg, Deutschland, 2000. Das Detail zeigt einen Ausschnitt einer Schiebetür aus gehärtetem Glas.

2 Empfangszimmer eines Bestattungsunternehmens. Quadrate, die ins Glas geschmolzen wurden, in Nahsicht. Die Glasfläche hat eine weiche Textur und ist zum Teil silberfarben.

3 Empfangszimmer eines Bestattungsunternehmens. Das typische Wechselspiel von Farben, Rechtecken und Texturen passt zur rechtwinkligen Architektur.

NARCISSUS QUAGLIATA

Narcissus Quagliata, in Italien geboren, ist ein Meister des Glasschmelzens und einer der wenigen Architekturglaskünstler, die in großem Maßstab mit Schmelzglas arbeiten. Er lebt in Mexiko City, hat aber Aufträge aus der ganzen Welt, vor allem aus den USA, Italien und dem Fernen Osten. Zahlreiche große Glaskunstobjekte realisierte er auf eigene Kosten in der Hoffnung, sie später über Galerien oder Ausstellungen verkaufen zu können. Er fertigt auch viele kleinere Objekte (1 bis 2 m²) speziell für Galerien und Sammler an. »Rückkehr zum Kosmos« verbindet diese beiden Vorgehensweisen in mancherlei Hinsicht. Die Arbeit wurde im Hinblick auf ein städtisches Umfeld entworfen, ist allerdings auch Ausdruck einer eigenständigen künstlerischen Auffassung. Quagliata versteht das Kunstobjekt als Meditation über die menschliche Vergänglichkeit im Universum – Freude und Trauer gehen ineinander über. Das Glaskunstwerk mit seinen explodierenden, wirbelnden Farben ist in einen strengen weißen Baukörper integriert, zu dem es einen starken Kontrast bildet. Unter dem schattenspendenden Dachüberstand entsteht aufgrund der Hinterleuchtung des Objekts der Eindruck, als brenne im Inneren des Turms ein Juwel.

Das bei dieser Arbeit verwendete Schmelzglas stammt von dem Hersteller Bullseye. Es besteht aus mehreren Schichten mit eingestreuten farbigen Glasfritten. Quagliata mischt die meist für mundgeblasenes Glas gebräuchlichen Techniken und baut so die Schichten aus Farbe und Textur auf.

1 »**Rückkehr zum Kosmos**«, Mexiko City, 2005, 3 x 11 m. Der Sockel des neuen Gebäudes von Ariel Blomberg in der Paseo Reforma in Mexiko City: Die äußere Verkleidung besteht komplett aus weiß wirkendem optischen Rohglas, zu dem Quagliatas hinterleuchtetes Glasobjekt den starken Kontrast bildet.

2 »**Rückkehr zum Kosmos**«. Je nach Tages- oder Nachtzeit wird die computergesteuerte Beleuchtung des Glasobjekts verstärkt oder gedimmt.

4

5

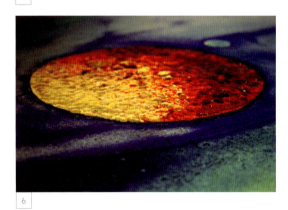

6

3 **»Rückkehr zum Kosmos«**. Die 33 Schmelzglasscheiben zeigen ein typisches »Kosmos«-Gemälde von Quagliata, mit leuchtenden Galaxien, die in einem dramatischen Wirbel ineinander stürzen.

4 **»Rückkehr zum Kosmos«**. Auf den Detailaufnahmen ist die Textur der Scheiben zu erahnen, das Glas erscheint sehr viel transparenter.

5 **»Rückkehr zum Kosmos«**. Da das Objekt in zwei Hauptbrennvorgängen hergestellt wurde, konnte der Künstler in einem späten Stadium neue Schichten hinzufügen, wobei er die Oberfläche übermalte.

6 **»Rückkehr zum Kosmos«**. Von nahem betrachtet verlieren die Farben ihren aufgesprühten Charakter. Das Motiv wirkt taktil und mysteriös, auch weil Farben aus dem Glasinneren auftauchen.

TOMASZ URBANOWICZ

Tomasz Urbanowicz hat zusätzlich zu seiner Ausbildung als Farbglaskünstler auch ein Architekturstudium abgeschlossen. Zusammen mit seiner Frau Beata, ebenfalls Architektin, gründete er 1987 in Wroclaw (Breslau, Polen) ein eigenes Atelier, spezialisiert auf Glaskunst in der Architektur. Urbanowicz hatte mit Farbglas zu arbeiten begonnen, befasste sich dann aber zunehmend damit, neue Techniken für das Formen, Schmelzen und Pigmentieren von Glas zu entwickeln. Seine Arbeiten sind von einer schroffen Robustheit, die Oberflächenbeschaffenheit der Objekte unterscheidet sich deutlich von der für heißverformtes Glas typischen.

Merkwürdigerweise macht es die kühne Materialverwendung schwierig, Urbanowicz' Werke zu beschreiben. Oft scheint es, als sei deren Textur in einem natürlichen Prozess entstanden. Manchmal wirken die Farben, wie an den Objekten für die Holstein-Brauerei, als seien sie zufälliges Nebenprodukt des Herstellungsprozesses und nicht sorgfältig zum Raum passend gewählt. Es sind die nicht sofort ins Auge springenden Details, die seine Arbeiten auf geheimnisvolle Weise zu etwas Besonderem machen. An der Holstein-Brauerei beispielsweise hängt die Glaswand scheinbar ungestützt vor dem Sockel. Die Glastrennwand »Catch a Wind« vermittelt den Anschein, als stünde das Glas direkt auf dem glatten Boden. Solche Details verraten die Architektenausbildung des Künstlers.

Tomasz Urbanowizc hat Skulpturen, Formen für Architekturdetails, klassische Säulen, halbrunde Fensternischen und vieles mehr gefertigt. Für seine Werke benötigt er die Erfahrung eines Malers, eines Bildhauers und eines Architekturglaskünstlers. Er wird von öffentlichen wie privaten Kunden beauftragt und arbeitet mittlerweile zunehmend auch außerhalb Polens.

1 **Hauptsitz der Holstein-Brauerei**, Hamburg, Deutschland, 2000. Die dicken Glaswände bringen die Farben, die Urbanowicz wählte, besonders gut zur Geltung. Das vom Oberbau abgehängte, gerundete Glas ist mit Downlights angestrahlt.

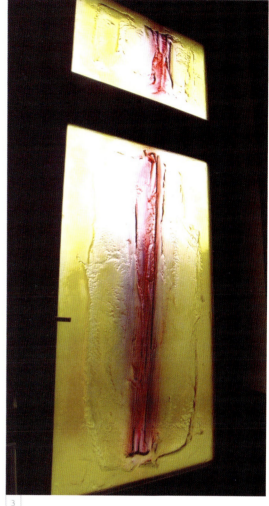

2 **»Catch a Wind«**, Wohnhaus, Wroclaw, Polen, 2003, Höhe 3 m. Die gefurchten Glasscheiben scheinen nahtlos von der Decke in den Boden überzugehen, unterbrochen nur von einer sandgestrahlten Glastür.

3 **Glastür**, Hotel Erania, Kolobrzeg, Polen, 2004. Das gefärbte Türelement zeigt Urbanowicz' Farbpalette. Das Glas wirkt, als sei es über Jahrhunderte durch Erosion entstanden.

4 **»Hot Sun«**, Wohnhaus, Poznan, Polen, 2003, Höhe 2,7 m. Die Scheibe wirkt wie in prähistorischen Zeiten in einen gläsernen Stein gemeißelt. Die sanfte Tönung verleiht dem Glas einen warmen Glanz.

5 **Geländer in einem Palast**, nahe Warschau, Polen, 2003. Dicke Glaselemente wurden in tiefen Rillen verankert, um ein durchgehendes, rahmenloses Geländer bilden zu können.

RENATO SANTAROSSA

1 »**Global Gate 1**«, Düsseldorf, Deutschland, 2001. Die an der Wand einer Eingangshalle montierte Arbeit besteht aus einfachen, bemalten Verbundglasscheiben, auf der dreidimensionale Formen befestigt sind.

2 »**Global Gate 1**«. 16 »Ablagen« aus dichroitischem Glas projizieren Farbenspiele aus direktem und reflektiertem Licht auf die Wand.

Der Italiener Renato Santarossa, seit langem in Düsseldorf ansässig, arbeitet seit 45 Jahren mit Glas. Er ist einer der wenigen Architekturglaskünstler, die sowohl Auftragsarbeiten erstellen als auch Kunstobjekte für Ausstellungen in Deutschland und im Ausland.

Wenn Santarossa mit einfachem Floatglas experimentiert, probiert er verschiedene Möglichkeiten aus, die Glasoberflächen und -kanten zu schleifen oder zu fräsen. An Industrieprodukten wie Glasstäben oder -röhren interessieren ihn vor allem die möglichen Lichteffekte. »Will man Transparenz sichtbar machen, muss man sie gleichzeitig wieder zerstören. Mit anderen Worten, man muss das Glas zerstören, um es sichtbar zu machen. Nachdem ich dies begriffen hatte, begann ich zu verstehen, warum Lucio Fontana seine Leinwände schlitzte.«

Die hier gezeigten Objekte sind in Stil und Materialwahl typisch für Santarossa. Er untersucht, wie Glas reagiert, wenn es auf die eine oder andere Art beleuchtet oder wenn seine Oberfläche gebrochen oder verformt wird. Lange Zeit verzichtete er auf Farbe, da er fand, dass die einzigartigen Eigenschaften des Materials durch Farbe verdeckt würden. Zudem dachte er, die Möglichkeiten, die das Material bietet, ohne Farbe leichter erkennen zu können. Erst kürzlich befreite er sich von dieser einengenden Auffassung, wendet jedoch Farbe noch immer zurückhaltend an. Er arbeitet auch mit dichroitischem Glas, dessen optische Eigenschaften ihn faszinieren.

Obwohl Santarossa bereits viele kirchliche Aufträge ausführte, machte er sich in den letzten Jahren auch mit Arbeiten für Bürogebäude, Banken und andere prestigeträchtige Bauten einen Namen, für die er große Glaswände oder frei stehende Skulpturen entwarf – ein Bereich, der ihn besonders interessiert.

RENATO SANTAROSSA 161

Glasskulptur, National-Bank Essen, Deutschland, 2002, Höhe 3,5 m. Die Skulptur besteht aus Röhren dichroitischen Glases.

Glasskulptur, Stadtsparkasse Singen, Deutschland, 2000. Die an einer 6 m langen und 3 m hohen Wand dicht montierten Glasröhren mit kleinen Streifen aus dichroitischem Glas erzeugen fließende Formen.

SANDGESTRAHLTES GLAS

Beim Sandstrahlen wird die Glasoberfläche mit Strahlgut (z. B. Korund, Quarzsand, Siliziumkarbit) unter Einsatz von Druckluft behandelt. Bei niedrigem Druck wird das Glas mattiert oder gesprenkelt. Bei hohem Druck und leicht aufzurauendem Glas kann man dickes Glas schneiden und seine Kanten formen.

Glas reliefartig zu formen ähnelt der Arbeit eines Bildhauers – Material wird weggefräst und es entstehen Formen, die geschnitzten Reliefen ähneln. Für sandgestrahltes Glas ist die Beleuchtung wichtig, weil alles weiß erscheint: erst bei richtigem Lichteinfall entstehen in den bearbeiteten Bereichen Schattenwürfe, die die Form erkennbar werden lassen. Ein geschickter Kunsthandwerker kann detaillierte dreidimensionale Formen und Texturen schaffen, die optimal zur Belichtung passen. Die Beispiele konzentrieren sich hier auf farbiges sandgestrahltes Glas. Jeder Künstler und Kunsthandwerker verwendet seine eigene Technik, Glas zu »bemalen«, die meisten sprechen dabei von »Glasuren«, »Harzen« und »Emaillefarben«. Es gibt auch »kalte« Glasfarben auf Öl- und Wasserbasis, mit denen man hervorragende Ergebnisse auf sandgestrahltem Glas erzielen kann, da die verschiedenen Tiefen und Texturen auf dem Glas verschiedene Farbtöne in der »Glasur« ergeben. Eine Glasur haftet fest auf der mattierten Oberfläche und lässt das Glas transparent schimmern. Derartige Farben sind nicht so fest mit dem Glas verbunden wie gebrannte Emaillefarben, jedoch erstaunlich haltbar und UV-resistent. Oft ist es auch möglich, die bearbeitete Oberfläche in ein größeres Glaselement einzubinden, sodass nichts die Oberfläche beschädigen kann.

Sandstrahlen ist in vielerlei Hinsicht die schwierigste Technik der Glasbearbeitung. Sind die Lichtverhältnisse ungenügend, können die Objekte verheerend wirken. Doch mit gekonnter Bearbeitung lassen sich erstaunliche Ergebnisse erzielen.

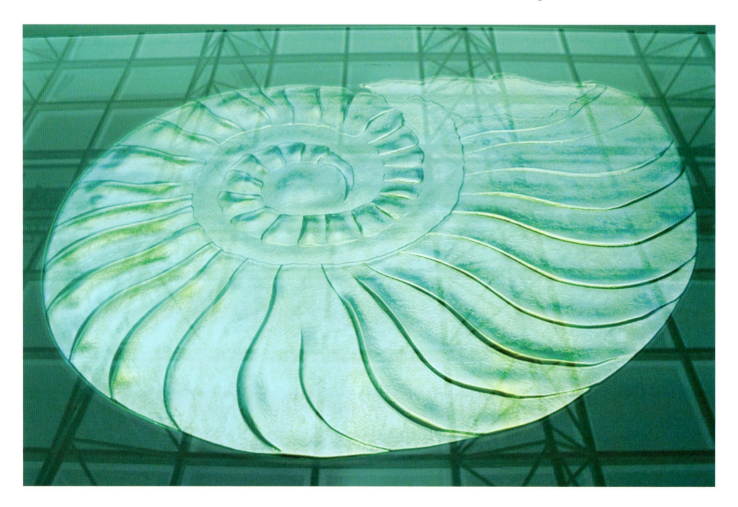

Gerillte Muschel, Radisson Edwardian Hotel, Heathrow, London, England, 2002. Künstler: John Williams. Die gerillte Glasmuschel ist Teil eines Bartresens. Die Muschel ist mit einer dichroitischen Folie beschichtet, wodurch die gekräuselten Gold-, Blau- und Grüntöne entstehen.

GEGENÜBERLIEGENDE SEITE, LINKS **Marunouchi-Gebäude**, Tokio, Japan, 2002. Künstler: Shelagh Wakely. Der Baum wurde auf die Rückseite der Glasscheibe im Sandstrahlverfahren aufgebracht, die Vertiefungen wurden mit Silberfarbe gefüllt.

GEGENÜBERLIEGENDE SEITE OBEN **»Euphony«**, Ted Stevens Anchorage International Airport, Alaska, USA, 2004. Künstler: Warren Carther. Das Detail lässt erkennen, dass große Bereiche des Glases mit dem Sandstrahlverfahren bearbeitet, Texturen ins Glas gefräst und Farben auf die abgeriebene Oberfläche aufgetragen wurden.

SANDGESTRAHLTES GLAS 163

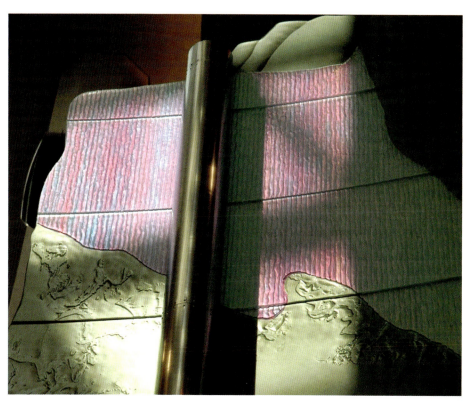

The Laboratory Health Club, London, England, 1999, 3 x 1,5 m. Künstler: Pip Tunstall. Eine von drei Doppelglasscheiben, deren tiefe Reliefe kontrastierende Texturen erzeugen, die dann mit Farbharz besprüht und von Hand bemalt wurden.

»**Poh's Goldfish**«, Wohnhaus, London, England, 2003. Künstler: John Williams. Das eingefräste und handbemalte Detail eines Goldfischmotivs zeigt die für Kaltharzfarben typischen satten Töne und das transparente Leuchten.

WARREN CARTHER

1 »**Vestige**«, Lincoln House, Hongkong, 1999, 4,75 x 7,25 m. Das Wandobjekt ist das Kernstück von Carthers riesiger »Chronos«-Trilogie.

2 »**Vestige**«. Das Objekt wird von verkupferten Stahlrahmen gehalten. Die computergesteuerte Beleuchtung erzeugt in den dichroitischen Glaselementen spannende Farbwechsel.

Warren Carther absolvierte die Kunstakademie und entschied sich dann für die Arbeit mit Glas. Er machte eine Ausbildung als Glasbläser in New York und später in Kalifornien. Als er diese Ausbildung 1977 beendete, hatte er bereits erkannt, dass sich durch Glasbläserei niemals die großen Flächen, die er sich vorstellte, herstellen ließen. Also kehrte er in sein Heimatland Kanada zurück, um Techniken zu entwickeln, die ihn an sein Ziel führen sollten. Er erwog, mit Farbglas zu arbeiten, erkannte jedoch schnell die mit dem Fehlen innerer Steifigkeit verbundenen Einschränkungen. Carther fand dann heraus, dass es diese Schwierigkeiten bei großen, glatten Floatglasscheiben nicht gab. Um die Schwierigkeiten zu umgehen, zu denen die Zerbrechlichkeit führt, verwendete er ungewöhnlich dickes, kostspieliges Glas, von dem er an verschiedenen Stellen mehrere Millimeter abtragen konnte, ohne dass es instabil wurde.

Mittlerweile arbeitet Carther im eigenen Atelier mit verschiedenen Sandstrahlverfahren, wobei er unterschiedliche Sandkorngrößen verwendet, um sowohl tiefe Reliefe als auch feine Strukturen aus der Glasoberfläche herausfräsen zu können. Carther hat mit zahlreichen Methoden, Farben auf die abgeriebenen Oberflächen aufzutragen, experimentiert: Er rieb transluzente Pigmente ein und sprühte sie auf, er klebte dichroitische Glasflächen auf die Innenseite und er trug sogar metallische Farben auf, die je nach Beleuchtung in verschiedenen Farbtönen erscheinen.

Der Künstler scheint sich vor Großaufträgen kaum retten zu können. Sein dreiteiliges, 25 t schweres Wandobjekt »Chronos« in Hongkong besteht aus einer Glasfläche von insgesamt 360 m², die Glaselemente seines Flughafenprojekts in Anchorage (S. 167) sind ähnlich dimensioniert. Mit seiner Technik, gewölbte Glasscheiben übereinander zu setzen, kann er mit einer minimalen Tragkonstruktion enorme Höhen erzielen, wobei die Rahmen aus Stahl die Schönheit der Skulpturen sogar noch betonen. Carther hat Neuland betreten, indem er unkonventionelle Techniken verwendet und sie auf eine völlig neue, visionäre Art einsetzt.

166 SANDGESTRAHLTES GLAS

3 »**Approach of Time**«, Lincoln House, Hongkong, 1999, 3,75 x 13 m. Der letzte Teil der »Chronos«-Trilogie drückt mit seiner enormen Höhe einen gewissen Optimismus aus. Er scheint der Zukunft entgegenzustreben.

4 »**Prairie Boy's Dream**«, One Canada Centre, Winnipeg, Kanada, 1994, 3,75 x 11 m. Die beiden Wandelemente bestehen aus jeweils 17 gewölbten Glasscheiben von je 60 cm Höhe; auf ihre Rückseite wurde dichroitisches Glas aufgebracht.

5 »**Prairie Boy's Dream**«. Der Ausschnitt aus der Vorderseite zeigt die Glasschichten mit den geschliffenen und weiß gefrosteten Motiven im Verbund mit dem Grundglas. Dargestellt sind die Auswirkungen des Menschen auf die Landschaft.

6 »**Euphony**«, Ted Stevens Anchorage International Airport, Alaska, USA, 2004. Ein Cluster von hohen, gebogenen, 19 mm dicken Glasscheiben. Man beachte den Kontrast von Kupfertönen in der Mitte der Scheiben. Die verwendeten metallischen Pigmente erscheinen je nach Einfallswinkel des Lichts in verschiedenen Farben.

7 »**Euphony**«. Die neun frei stehenden strukturierten Glaselemente sind jeweils etwa 8,5 m hoch und fassen auf einer Länge von 43 m den Eingang zur Abflug-Lounge von Alaskas größtem Flughafen ein.

MARKIAN OLYNIK

Markian Olynik aus Vancouver in Kanada fertigt Trennwände und frei stehende Glasobjekte für Galerien, Sammler und Firmen. Wie viele Glaskünstler ist er weitgehend Autodidakt. Seit Ende der 1970er Jahre beschäftigt er sich intensiv mit der Fragestellung, wie man die Sandstrahltechnik zum Auftragen von Farbpigmenten am besten verwenden kann. Er experimentierte auch mit Emaillefarben, fand die Ergebnisse jedoch nicht überzeugend, da deren opake Eigenschaften der Transparenz von Glas widersprechen. Olynik begann daraufhin, mit Lacken und Glasuren zu arbeiten und entdeckte, dass diese die Transluzenz und sogar die Transparenz von Glas erlangen, leuchtende Farben ermöglichen und gleichzeitig eine enorme Haltbarkeit aufweisen.

Wenn man Jahre lang mit verschiedenen Materialien arbeitet, Probleme löst und dadurch bestimmte Texturen und Effekte erzielt, lernt man eine Menge Tricks und Techniken. Am Anfang der Bearbeitung steht bei Olynik das Sandstrahlen, mit dem man durch Glas schneiden und Kanten schleifen kann. Die meisten Glasscheiben sind mindestens 12 mm, häufig auch 19 mm dick. Dadurch lassen sich Vertiefungen von 4 bis 8 mm ins Glas fräsen. Sehr oft wird das Glas anschließend gehärtet, was riskant ist, denn es kann dabei explodieren, besonders wenn die geschliffenen Winkel zu spitz oder die Kanten zu scharf sind.

Anschließend beginnt Olynik mit dem Auftragen von Farben, durch Aufsprühen, durch Einreiben in die geätzte Oberfläche oder durch Auffüllen der ausgefrästen Vertiefungen. Wenn man die Farbe anschließend durch Ätzen oder Sandstrahlen wieder entfernt, entstehen neue Texturen auf der Glasoberfläche. Schließlich können die Farbe und Teile der geätzten Flächen mit Klarlack behandelt werden, wodurch sich die Glasoberfläche wiederum anders anfühlt. Das Wechselspiel der mattierten Oberflächen mit den glänzenden, durchsichtigen Lacken macht einen Teil der Schönheit dieser Glasobjekte aus.

1 »**Earth Series: Canyon**«, Vancouver, 2001. Detail einer dreiteiligen Glaswand, 1,8 x 2 m. Man erkennt die geformten Kanten, die tief eingefrästen Konturen und die verschiedenen Glasuren.

2 »**Glass Fountain**«, Lobby des Blue Horizon Hotels, Vancouver, Kanada, 2000, Höhe 6 m. Die Skulptur besteht aus 12 mm dickem, gehärtetem Glas, das sandgestrahlt, bemalt und lackiert wurde.

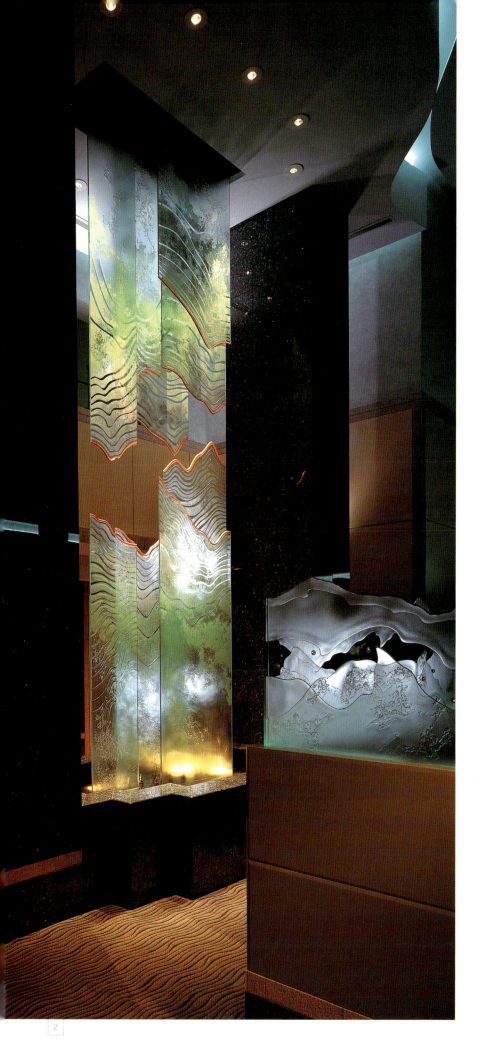

»Monolith: Ocean«, Privatsammlung, Vancouver, Kanada, 2003, Höhe 2 m. Frei stehende gehärtete Glasscheibe: Die aus dem Glas gefrästen Muster kontrastieren zu den aufgespritzten Farben.

ANDREAS HORLITZ

Der Architekturglaskünstler Andreas Horlitz ist als Fotograf und Designer ausgebildet. Seit 1978 stellt er regelmäßig seine unterschiedlichen Werke aus. 1986 wurde er zum Gastdozenten für Fotografie an der Kölner Universität ernannt. Von dieser Zeit an entwarf Horlitz Lichtobjekte, die dann zunehmend komplexer wurden, da er mit Bildern, Spiegeln, Glas, Licht und Projektionen experimentierte. Die Konzentration auf das Zusammenspiel von Bildmotiven, Licht und Glas sowie das Errichten von Kunstinstallationen für Ausstellungen verhalfen dem Künstler zu einem besonderen Verständnis für die Wirkung von Licht und Glas in der Architektur.

»Text DNA« ist ein 55 m langer sandgestrahlter Spiegel, der mit Neonröhren hinterleuchtet ist. Er stellt ein ausgezeichnetes Beispiel dafür dar, wie ein schmales Glasband einen großflächigen Wandbereich »füllen« kann. Die Arbeit wirkt schlicht, lässt jedoch erahnen, welche Schwierigkeiten damit verbunden sind, eine feste Kunstinstallation so nahtlos, ohne sichtbare Halterungen und Verbindungen in eine weiße Wand zu integrieren.

»Index«, ein Glas- und Lichtobjekt für ein Jobzentrum im Harz, wirkt aus der Entfernung wie eine einfache Lichtsäule, die das Gebäude durchstößt. Nähert man sich dem Gebäude oder betritt es gar, kommt immer mehr Bewegung ins Spiel – das Lichtobjekt entpuppt sich als glühende Säule aus flackerndem Licht.

Horlitz' Objekte sind sehr vielfältig, basieren aber weitgehend auf der fotografischen Wirkung von Licht. Seine abstrakten Architekturinstallationen machen jedoch deutlich, dass er auch ohne die Verwendung fotografischer Methoden die optischen Eigenschaften von Glas und Licht auf minimalistische Art auszuschöpfen vermag und eine beeindruckende Wirkung erzielen kann.

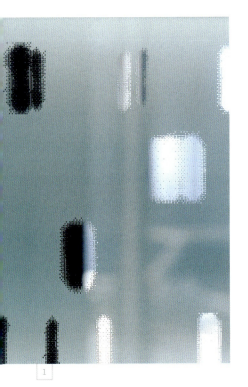

[1] **»Text DNA«**, Büros der Agentur Uniplan International, Kerpen bei Köln, Deutschland, 1998. Das Detail verdeutlicht den Kontrast zwischen den glühenden, matten, durch Sandstrahlen erzeugten Bereichen des Spiegels und den glänzenden Abschnitten.

[2] **»Text DNA«**. Das Werk besteht aus einem scheinbar einfachen, sandgestrahlten Spiegelstreifen, der mit Neonröhren hinterleuchtet ist.

[3] **»Index«**, Jobzentrum, Sangerhausen, Deutschland, 1999. Für die drei Lichtobjekte, die im Gebäudeinneren und von außen zu sehen sind, kombinierte Andreas Horlitz Glas, Spiegel, sandgestrahlte Flächen und eingebaute Lichtquellen.

3

4

5

4 5 »**Index**«. Aus der Nähe werden die horizontalen Streifen sandgestrahlten und klaren Glases erkennbar.

FOLIENBESCHICHTETES GLAS

Zur Zeit sind vornehmlich fünf Folienarten gebräuchlich: geätzte, gefärbte, digital bedruckte, dichroitische und holografische Folien. Mit Ausnahme der holografischen Folie, die meist zwischen zwei Glasschichten aufgebracht wird, handelt es sich um dünne Schichten verschiedener Kunststoffarten, die auf das Glas geklebt werden.

Ein großer Vorteil von Folienbeschichtungen liegt darin, dass sie temporär verwendet werden können: Eine Folie kann wieder entfernt und verhältnismäßig leicht durch eine neue ersetzt werden. Unter bestimmten Bedingungen können Folienbeschichtungen erstaunlich lange haltbar sein, auf der Fassade von Gebäuden beispielsweise mehr als zehn Jahre. Es gibt auch Beispiele von rahmenlosen Glastüren mit Folienbeschichtung, von denen sich nach vielen Jahren noch nicht einmal die Ecken abgelöst haben. Entscheidend ist, dass man dem Kleber genügend Zeit gibt, um zu haften. Manche Folien können auch zwischen zwei Glasschichten gelegt werden, wodurch das Bildmotiv dauerhaft von beiden Seiten geschützt ist. Es liegt allerdings auch ein Nachteil darin, dass eine Folie auf das Glas nur aufgeklebt wird: Es gibt keine Textur, nichts dringt in das Grundmaterial ein. Folien sind begrenzt haltbar und können relativ leicht zerkratzt, zerschnitten oder auf andere Weise beschädigt werden. Daher spielt auch der Verwendungszweck für folienbeschichtetes Glas eine wichtige Rolle.

Transparente Folien sind in vielen verschiedenen Farben erhältlich. Man kann sie übereinander schichten und neue Farben erhalten oder mit geätzten Folien kombinieren, um sowohl transluzente als auch transparente Farben zu erzeugen. Mit digital bedruckten Folien lassen sich viel einfacher gute Ergebnisse erzielen. Jeder, der sich mit Grafikdesign oder computergestütztem Design auskennt, kann digital bedruckte Folien entwerfen. Für die Arbeit mit Glas ist jedoch immer zu beachten, dass der Entwurf für die Folie auf einem transparenten Grundmaterial zur Geltung kommen muss, das nicht reflektiert wie ein weißes Blatt Papier. Wird dieser Aspekt nicht ausreichend berücksichtigt, können die besten Entwürfe zu chaotischen Ergebnissen führen.

Financial Services Agency, London, England, 2004. Künstlerin: Kirsty Brooks. Derselbe Raum ist auf S. 176 anders eingerichtet, die Glaswände sind mit neuen Folien versehen. Dadurch ergibt sich ein ganz anderer Raumeindruck als bei der Originalversion.

MITTE **»Time and Tide«**, Plantation Place, London, 2005. Künstler: Declan O'Carroll and Arup Associates. Für diese 41 x 6 m messende, hinterleuchtete Glaswand wurde eine bedruckte Folie zwischen zwei 12 mm dicke optische Rohglasschichten gelegt und auf der Außenseite eine Antireflexionsbeschichtung aufgebracht. Die Rückseite der Scheiben ist mit weißen Emaillefarben bedruckt, die trotz der punktuellen LED-Beleuchtung von oben und unten für ein diffuses Licht sorgen.

FOLIENBESCHICHTETES GLAS 173

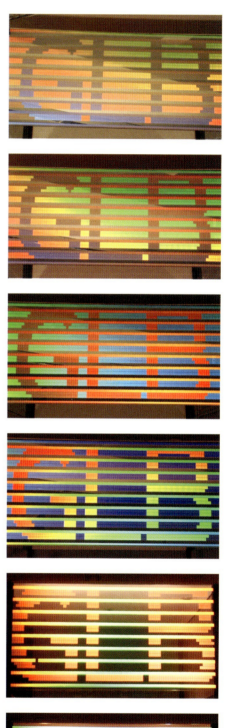

RECHTS **Holografische Folien**, Dortmund, Deutschland, 1999. Die sechs Aufnahmen des Logos der GLB-Gesellschaft zeigen ein und dieselbe Glasscheibe. Die holografischen Folien zwischen den beiden Glasschichten reflektieren verschiedene Farben.

KEVIN TODD

[1] **Western Districts Courthouse**, Inala, Queensland, Australien, 2004. Das Bild zeigt eine von 16 Doppelglasscheiben, zwischen die digital bedruckte Folien gelegt wurden. Der Entwurf nimmt Bezug auf die Bedeutung des Wortes »Inala« in der Sprache der Aborigines – »Zusammentreffen der Winde«.

Der Ire Kevin Todd beschäftigt sich mit dem Zusammenspiel von Wissenschaft und Kunst. Als gelernter technischer Zeichner verfolgte er die Fortschritte in der Technik mit großer Neugier. Ab den 1990er Jahren unterrichtete er Informationstechnologie, Fotografie, Printmedien und digitale Kunst. Jedes Gebiete bot ihm neue Möglichkeiten zu lehren und zu lernen.

Heute lebt Todd in Australien, stellt weltweit aus und arbeitet an Museums- und Wohnhausprojekten wie auch an öffentlichen Kunstprojekten. Die beiden hier gezeigten Objekte verdeutlichen, dass er gerne mit digital erzeugten Bildmotiven auf transluzenten Folien arbeitet, die er zwischen zwei Glasschichten einlegt.

Für das CSIT-Projekt wurde die Folie mit einem elektrostatischen Verfahren bedruckt und zusammen mit Kunstharz zwischen zwei Glasschichten eingelegt. Thematisiert hat Todd hier die Atmosphäre des subtropischen Klimas an Australiens Sunshine Coast. Die Bilder verän-

dern sich je nach äußerer oder innerer Belichtung und werden in der Morgen- und Abenddämmerung besonders durchlässig, wenn das Gleichgewicht zwischen Licht von innen und Licht von außen sich langsam in die ein oder andere Richtung verschiebt. Die beiden Glasscheiben sind Teil der Fassade eines großen Gemeinschaftsraums und prägen den Raumeindruck.

Inala, ein westlicher Vorort von Brisbane, hat eine bunt gemischte Bevölkerung, viele Bewohner stammen von anderen Kontinenten. Doch der Ortsname Inala kommt aus der Sprache der Aborigines und bedeutet »Platz der Winde« oder »Zusammentreffen der Winde«. Das Bildmotiv im Western Districts Courthouse soll das Wesen von Wind, fließender Bewegung und Energie spürbar machen. Todds Motive sind digital erzeugt und daher im Grunde abstrakt, auch wenn sie häufig nahezu gegenständlich erscheinen. Sie spannen den Bogen zwischen Konzept (Computerbild) und Objekt (das realisierte Werk).

2 »**Atmosphere #1 & #2**«, Cooloola Sunshine Institute of Technical and Further Education (CSIT), Queensland, Australien, 2003. Die beiden Glasscheiben messen je etwa 4 x 6 m; die digital bedruckte Folie ist zwischen zwei Glasschichten eingelegt.

KIRSTY BROOKS

Die britische Künstlerin Kirsty Brooks hat eine inhaltlich und stilistisch unverwechselbare Handschrift. Auf vielerlei Art hat sie Glas bereits bearbeitet, es unter anderem mit Emaillefarben beschichtet, geätzt und sandgestrahlt. Besonders liegt ihr jedoch das Arbeiten mit Folienbeschichtungen. Das mag daran liegen, dass sie sich auch intensiv mit fotografischen Detailaufnahmen beschäftigt, um abstrakte, dreidimensional wirkende Oberflächen herzustellen. Durch ihre Bilder wirken die Glasoberflächen weicher und wärmer.

Wie viele Künstler, die sich mit Fotografie beschäftigen, verwendet Brooks gerne Motive mit ausgeprägten Oberflächenstrukturen: zerknülltes Papier, abblätternde Farben, Bäume, Papierstapel, getrockneter Schlamm, Schattenwurf auf dem Boden – stets findet sie neue Motive. Sie hat ein Gespür dafür, wie solche einfachen Motive aus Licht und Schatten die damit beschichteten Glasscheiben und den ganzen Raum lebendig werden lassen.

Im Projekt »Whistler Street« arbeitete Brooks eng mit den Architekten zusammen, die an zwei neuen Häusern ein ungewöhnliches Material für die Verkleidung verwendeten, voroxidierten Baustahl mit Farben von Orange bis Purpurrot. Das Konzept entstand in Anlehnung an die industriell geprägte Umgebung, auf die Brooks ihre Bildmotive abstimmte.

Brooks bewirkt mit ihren Arbeiten in Räumen scheinbar unauffällige Veränderungen, und dennoch führen ihre Werke zu einem völlig neuen Raumerlebnis. Ihre Glasobjekte passen in viele verschiedene Umgebungen, ob hinterleuchtet oder mit aufgeklebter transparenter Folie. Mit ihrer Sensibilität für Texturen setzt Brooks folienbeschichtetes Glas auf eine Weise ein, die dem architektonischen Gesamteindruck eines Raums besonders dient.

[1] **Financial Services Agency**, London, England, 1999. Zwei von mehreren frei stehenden Wandschirmen mit bedruckten Folien auf Glas. Die großformatigen, dreidimensional wirkenden Bilder in zwei Farbtönen werten den Kantinenraum deutlich auf.

[2] **Financial Services Agency**. Detail eines der Wandschirme. Die Bildmotive hat die Künstlerin selbst fotografiert.

[3] **Whistler Street**, London, England, 2005. Das dezente Bildmotiv der auf das Glas geklebten Folie vermittelt den Bewohnern von außen eine gewisse Zurückgezogenheit, ohne Innen- und Außenraum völlig abzuschirmen.

4 **Whistler Street.** Von innen gesehen deuten die Bildmotive Dinge an, die nicht wirklich existieren, und vermitteln so ein Gefühl von Geborgenheit, ohne vom Außenraum zu isolieren.

5 **Whistler Street.** Folien bewirken mit der Bewegung des Betrachters leichte Wahrnehmungsverschiebungen. Manchmal hebt sich die Folie wie hier deutlich ab, die Bildmotive erscheinen plötzlich viel klarer.

JÜRGEN DREWER

Jürgen Drewer, ein deutscher Architekturkünstler, arbeitet mit vielen verschiedenen Materialien, unter anderem mit Holz, Stahl, Stein und Glas. Kürzlich hatte er ein großflächiges Ölgemälde auf Holz mit einer farbigen Glaswand kombiniert. Bei diesem hier nicht gezeigten Werk werden die beiden vom Boden bis zur Decke bemalten Flächen von einer Glaswand unterbrochen. Dadurch zeigt die Gesamtfläche einen Wechsel von einem opaken zu einem transluzenten Bereich und wieder zurück. Enorm wichtig ist dabei die Detailausbildung der Verbindungsstelle zwischen den beiden Materialien, damit diese so unauffällig wie möglich ineinander übergehen.

Drewer beginnt die meisten seiner Entwürfe, indem er Collagen erstellt oder mit Ölfarben malt. Obwohl die skizzierten Entwürfe völlig abstrakt sind, versucht Drewer auf die Funktion des Raums einzugehen, auf seine Bewohner, seine Architektur und vielleicht auch auf seine Geschichte. Er experimentiert auch mit anderen Materialien, findet aber, dass man mit Glas Räume auf einzigartige Weise verändern kann. Dies liegt zum Teil daran, dass Glaswände von mehreren Seiten mit jeweils einem anderen Erscheinungsbild wirken können. Vor allem aber liegt es daran, dass Farben auf Glas einem Raum eine neue Dimension verleihen, wie es Farben auf Leinwand nicht vermögen.

In den letzten Jahren ließ sich Drewer von technischen und technologischen Fortschritten inspirieren. Er experimentierte mit vielen verschiedenen Methoden, vom Bedrucken von Folien bis zum Bemalen und Besprühen mit Lacken, wobei er Bildmotive mit Schablonen aufs Glas übertrug. Lacke erzeugen eine besonders weiche, ebene Oberfläche. Drewer verwendet beim Entwurfsprozess computergesteuerte Verfahren, da sie ihm genauso viel, wenn nicht gar mehr Einfluss auf das Endergebnis ermöglichen wie nicht-digitale Techniken. Die Kosten sind bedeutend geringer, sodass er seine Arbeiten einem breiteren Publikum zugänglich machen kann.

1 **Transluzente Trennwand**, Volksbank, Bückeburg, Deutschland, 2001, 25 x 1,2 m. Die bedruckte Folie verdeckt Bürotrennwände und erzeugt so eine gewisse Abgeschiedenheit. Das Motiv entspricht dem in der Lobby (Abb. 2, 3), ist jedoch zurückhaltender in der Farbgebung.

2 **Transluzente Trennwand**, Volksbank, Bückeburg, Deutschland, 2001, 20 x 3,2 m. Die Glastrennwand im Eingangsbereich ist mit digital bedruckter Folie beklebt.

3 **Transluzente Trennwand**. Aus der Nähe sieht man, dass Drewer einige Bereiche transparent gelassen hat, als Kontrast zu den sie einfassenden, transluzenten Flächen.

ESPEN TOLLEFSEN

Der norwegische Fotograf Espen Tollefsen gestaltet seit vielen Jahren Kunstobjekte, hier werden seine ersten Glasobjekte gezeigt.

Der für den neuen Firmenhauptsitz der Reederei Leif Höegh & Co beauftragte Innenarchitekt wollte Glaswände mit aufgedruckten Bildmotiven, um die Besprechungsräume einzufassen, ohne das Tageslicht zu reduzieren. Die unterschiedlichen Lichtverhältnisse in Norwegen, von der Mitternachtssonne im Sommer bis zum ständigen Zwielicht im Winter, waren für Tollefsen bei der Planung der Bildmotive ein zusätzliches Problem. Fotografen arbeiten normalerweise unter statischen Lichtbedingungen. Die Glaswände würden jedoch, je nach Außenlichtverhältnissen, ständig ihren Charakter und ihr Aussehen verändern. Daher hat Tollefsen die Motive in hellen, blassen Farben gehalten, sodass sie durch die geringste natürliche Lichtintensität ebenso wie durch künstliche Lichtquellen belebt werden. Die Folie fängt das Licht auf ganz unerwartete Weise ein, sodass beim Entlanggehen an der Wand einige weiße Stellen so wirken können, als glänzten sie weiß, grau oder fast schwarz. Das blasse Hellgrün des Grasmotivs wird abends bei tief stehender Sonne zu einem satten Dunkelgrün. Die digitale Folie wurde mehrschichtig auf das Glas aufgetragen, um die

1 **Leif Höegh & Co**, Oslo, Norwegen, 2005. Nahaufnahmen von Grashalmen aus verschiedenen Blickwinkeln schmücken die Glastrennwand in der Cafeteria des Bürogebäudes.

2 **Leif Höegh & Co**. Die Detailaufnahme zeigt, wie Tollefsen aus natürlichen Formen abstrakte Bildeindrücke erzeugt. Dadurch verleiht er dem Raum Atmosphäre und Textur, ohne dass die Bilder dominant wirken.

3 **Leif Höegh & Co**. Die Gesamtansicht der Glaswand macht deutlich, dass jede Scheibe ein etwas anderes Bild desselben Motivs zeigt.

matte Oberfläche zu vermeiden, die entsteht, wenn Licht von Farbe reflektiert wird. Da die Glaswand aus mehreren Einzelscheiben besteht, gab Tollefsen jeder Glasscheibe ein eigenes Motiv. Manche sind eine Wiederholung des vorherigen, aus einem etwas anderen Blickwinkel oder zu einer anderen Zeit aufgenommen, wie das Wasser, bei dem Strömung und Wind die Wellen jeweils in eine andere Richtung treiben.

Die meisten Bildmotive in dem Gebäude sind im Gegensatz zu dem Grasmotiv fast farblos, sodass sie, anstatt ein bestimmtes Bild wiederzugeben, einfach nur ein Gefühl von Raum und Textur vermitteln.

MICHAEL BLEYENBERG

Michael Bleyenberg ist ausgebildeter Maler und arbeitet seit mehr als 25 Jahren auch als Dozent. Als er 1992 nach Köln zog, beeindruckten ihn die Möglichkeiten, die die moderne Technik, insbesondere die Lasertechnik, für seine Kunst bot. Er empfand den Gedanken, Farbe einfach in der Luft aufzuhängen, als begeisternd und befreiend. Er entdeckte, dass man Folien, die den Lichteinfall in Gebäude regeln, indem sie weißes Licht in seine spektralen Bestandteile zerlegen, auch für künstlerische Zwecke einsetzen kann.

Technisch gesehen bestehen diese »holografischen« Arbeiten von Bleyenberg aus »holografischen« Folien, die zwischen zwei Glasscheiben gelegt werden. Wie auf der Wand in Bonn ist die Rückseite des Glases bisweilen verspiegelt, wodurch das Licht reflektiert und so die holografische Folie belebt wird. Bleyenberg arbeitet mit einem wissenschaftlichen Team, das dieses Produkt seit Anfang der 1990er Jahre herstellt. Seine Rolle besteht darin, Formen zu entwerfen, die von den wechselnden Farben

1 »**Eyescape XI**«, Deutsch-Chinesisches Forschungszentrum, Peking, China, 2001, 2 x 2 m. Das holografische Werk wirkt in der Abbildung statisch, doch wenn der Betrachter sich bewegt, ändert es seine Farben und erscheint manchmal sogar farblos.

2 »**Lichtdrachen**«, Bias Bremer Institut für Angewandte Lasertechnologie, Bremen, Deutschland, 2002. Das Objekt hängt in einem Treppenhaus. Zwei sich durchdringende Glasscheiben erwachen durch Lichtquellen zum Leben.

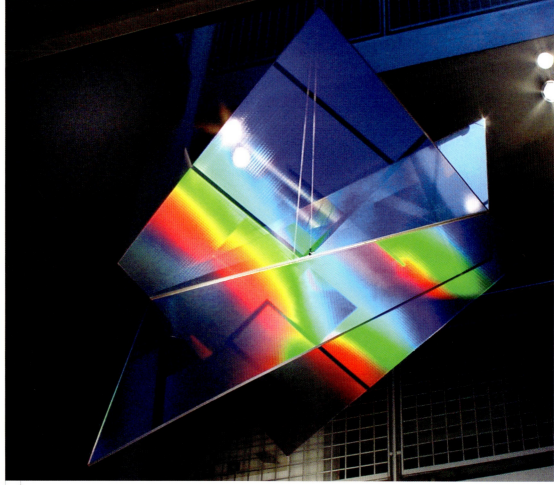

3 »Blickfang«, DFG, Bonn, Deutschland, 2000, 5 x 13 m. Das Hologramm belebt eine Betonwand eines Institutsgebäudes, die mit auf ihrer Rückseite verspiegelten Glasscheiben verkleidet ist.

4 »Blickfang«. Das Werk reagiert auf auftreffendes Licht und verändert sich je nach Art und Richtung der Lichtquelle.

5 »Blickfang«. Bei Tageslicht erscheinen zum Teil völlig andere Farben als in der Dämmerung (Abb. 4). Wenn sich der Betrachter bewegt, ändern sich die Farben, die Formen bewegen sich.

wiedergegeben werden. Für den Betrachter kann diese Kunstform verwirrend sein. Man darf diese Arbeiten einfach nicht als statisch verstehen, denn sie können fast unzählig viele verschiedene Erscheinungsformen annehmen. In diesem Sinne verhalten sie sich wie ein Chamäleon, das seine Farbe der Umgebung anpasst. Dies gilt besonders bei Tageslicht, das unzählige Varianten des Erscheinungsbildes zulässt, selbst wenn der Betrachter sich nicht bewegt. Sicherlich wird etwa die Bonner Vorhangfassade von den Mitarbeitern der benachbarten Büros, von Fußgängern, Autofahrern und von denen, die das Gebäude betreten oder verlassen, unterschiedlich wahrgenommen.

GLOSSAR

Fachlich durchgesehen und ergänzt von Paul Schnur.

Ätzen
Das Herstellen einer matten, transluzenten Glasoberfläche mit Hilfe von Flusssäure. Mit dieser Technik können auch dünne Schichten Neonfarbe (weniger als 1 mm) von mundgeblasenem Glas entfernt werden. Geschliffene Gläser werden mit flusssäurehaltigen Mischungen poliert, Flachglas kann mit anders zusammengesetzten Mischungen matt geätzt werden. Großflächige Ätzungen werden durch Tauchen in ein Säurebad, kleinere Ätzungen mittels Ätztinte oder Ätzpaste erzielt.

Abgesenktes Glas
Normal gehärtetes Glas, das über einer Form bei etwa 700 °C geschmolzen wird. Durch die etwa 100 °C höhere Temperatur sinkt das Glas in feinste vorgegebene Formen ein, wodurch sich jede gewünschte Oberflächenbeschaffenheit erzielen lässt.

Antikglas
Flache, etwa 600 x 900 mm große Glasscheiben. Sie werden aus einem mundgeblasenen Glaszylinder hergestellt, dessen eine Seite abgeschnitten und das noch heiße Glas anschließend geglättet wird. Die so hergestellten Glasscheiben unterscheiden sich etwas voneinander, sodass sich viele verschiedene Texturen und Farbabstufungen erzielen lassen.

Brennen
Das Fixieren von Emaillefarben auf dem Glas im Ofen. Emaillefarbe schmilzt bei einer Temperatur zwischen 490 °C und 580 °C und verbindet sich fest mit dem Glas. Bei der Verwendung spezieller Glasarten wird erreicht, andere Glasmaterialien aufzuschmelzen ohne dass es zu Spannungsrissen kommt.

Bruchglas
Zerbrochenes oder zerkratztes Glas, das häufig zu Gussglas eingeschmolzen wird. Glasbruch besteht aus Glasscherben und wird als verglasbares Material genutzt. Zu 90 % kommt Glasbruch aus den Haushalten, die restlichen 10 % aus der Industrie. Die Nutzung von Glasbruch bei der Flaschenherstellung gestattet die Einsparung von Rohstoffen und Energie. Bruchglas wird in vielen verschiedenen Farbtönen angeboten.

Chemisch vorgespanntes Glas
Glas, das durch einen Ionenaustausch-Prozess eine erhöhte Festigkeit gegenüber mechanischer oder thermischer Beanspruchung erlangt.

Dehnungskoeffizient
Wesentliches Merkmal von Glasarten bei Wärmeeinwirkung; ein geringer Dehnungskoeffizient bedeutet eine gute Temperaturwechselbeständigkeit.

Dichroitische Folie
Eine durchsichtige Folie, die in durchscheinendem Licht eine andere Farbe hat als in reflektiertem Licht. Die Farben liegen am jeweils anderen Ende des Farbspektrums und vermischen sich je nach Blickwinkel zu unterschiedlichen Farbtönen. Dichroitische Folien sind zurzeit nur in zwei Farben erhältlich: in Purpurrot, das Gelbbereiche reflektiert, und in Blau, das Rotbereiche reflektiert. Im Gegensatz zu farbigen Folien, welche die nicht gewünschten Farbanteile des Lichts absorbieren, werden von dichroitischen Filtern solche Farbanteile als Restlicht reflektiert. Die bevorzugte Absorption von polarisiertem Licht bezeichnet man als »Dichroismus« und Stoffe mit solchen optischen Eigenschaften als dichroitisch.

Dichroitisches Glas
Glas, das in durchscheinendem Licht eine andere Farbe hat als in reflektiertem Licht. Die Farben liegen jeweils am anderen Ende des Farbspektrums und vermischen sich je nach Blickrichtung zu unterschiedlichen Farbtönen. Dichroitisches Glas ist in mehreren verschiedenen Farben erhältlich. Filter allgemein verändern die spektrale Verteilung des Lichtes. Dichroitische Glasfilter lassen nur definierte Lichtwellen bestimmter Längen passieren; ihre Filterwirkung beruht auf den bei Mehrfachreflexionen zwischen zwei teildurchlässigen Schichten auftretenden Interferenzen. Dichroitische Filter sind sehr hitzebeständig und bleichen nicht aus. Da der Filter praktisch keine Lichtenergie aufnimmt, liegt seine Lichtdurchlässigkeit deutlich höher als bei traditionellen Farbfiltern. Durch aufwendige Produktionsverfahren kann die genaue Farbe eines spezifischen Filters präzise festgelegt werden. Durch Aufdampfen extrem dünner Metallsalzschichten (auf Borosilikatglasscheiben werden verschiedene Schichten von Oxyden aufgedampft) können sehr schmalbandige Farbfilter hergestellt werden, die praktisch frei von Nebenabsorptionen sind.

Drahtglas
Glas, das durch kontinuierliches Gießen und Walzen hergestellt wird und in das beim Produktionsprozess eine durchgängig verschweißte Drahteinlage eingebracht wird. Die Glasoberflächen können strukturiert oder poliert sein.

Einscheiben-Sicherheitsglas (ESG), vorgespanntes Glas
Glas, das nach dem Zuschneiden und weiteren Bearbeitungsschritten gleichmäßig erhitzt und dann mit Kaltluft konvektiv abgekühlt wird. Dies verleiht dem Glas eine erhöhte Festigkeit gegen mechanische und thermische Belastungen sowie das charakteristische Bruchbild (Krümelstruktur). Siehe auch Vorspannen.

Eisenarmes Glas
Besonders strahlungsdurchlässiges (»extra-weißes«) Glas, das aufgrund seines geringen Eisenoxidgehalts eine geringere grünliche Eigenfärbung aufweist als normal klares Floatglas.

Emaillefarben
Schmelzfarben aus Glasfluss (bleireiches Kaliglas in Pulverform mit Färbungsmitteln), die während des Einbrennens bei einer Temperatur zwischen 490 °C und 580 °C schmelzen und sich mit dem Glas fest verbinden. Emailfarbe wird in Opakemail (pastos) Transparentemail und Flachfarbe (aufgepinselt) unterschieden. Je nach Anwendungstechnik wird auch mehrfach aufgetragen und bei 650 °C bis 850 °C gebrannt.

Emailliertes Glas
Glas, auf dessen Oberfläche eine Mischung aus keramischen Farben (»Glasfritte«) durch Walzen oder Gießen aufgetragen und bei hohen Temperaturen eingebrannt wird. Siehe auch Brennen.

Facetten
In die Glaskanten zu dekorativen Zwecken geschliffene Winkel. Eine geschliffene Glaskante stellt technisch eine Bruchsicherung dar.

Folien
Vinylprodukte, die aufgeklebt werden, um Glas sicherer zu machen und/oder es zu färben, sein Reflexionsvermögen zu steigern beziehungsweise seine Transparenz zu reduzieren oder es wie geätzt aussehen zu lassen. Die meisten Folien sind selbstklebend und werden unter Verwendung von Wasser auf das Glas aufgebracht.

Floatglas
Hochwertiges, transparentes Flachglas, hergestellt im so genannten Floatverfahren, bei dem die geschmolzene, flüssige Glasmasse bei sehr hohen Temperaturen auf einem Zinnbad schwimmt (»floaten«). Das endlos gezogene Glasband wird zu so genannten Bandmaßen zugeschnitten.

Fräsen
Das Erzeugen von Linien und Formen durch Sandstrahlen unter Verwendung dicker Vinyl-Schablonen.

Gebogenes Glas
Glas, das in eine Form gelegt und bis zum Erweichungspunkt erhitzt wird, sodass es die Form der Unterlage annimmt.

Gehärtetes Glas
Glas, das erhitzt und dann durch Ströme kalter Luft plötzlich abgekühlt wird. Dieses Glas ist fester und zugleich flexibler als ungehärtetes Glas. Wenn es bricht, zerspringt es in viele kleine Bruchstücke.

Gekühltes Glas
Bei der Floatglasherstellung wird das heiße Glas im so genannten Kühlofen langsam abgekühlt. Dadurch werden Spannungen im Glas vermieden, sodass das Glas ohne Bruchgefahr geschnitten und weiter verarbeitet werden kann.

Geripptes Glas
Eine häufig verwendete Art von gewalztem Klarglas mit einer Reihe paralleler Rippen.

Gießharz-Laminat
Zwei oder mehr Glasscheiben (Schalen) werden mit einer oder mehreren Zwischenschichten aus Gießharz verbunden.

Glanzschliff
Mit Hilfe verschiedener Schleifsteine werden dekorative Elemente wie facettierte Kanten, Kreise und V-Formen in die Glasoberfläche geschliffen.

Glasfritte
Zu Granulat zerstoßenes Glas. Zwischenprodukt zur Herstellung der Glasschmelze. Glaspulver kann durch Erwärmen oberflächlich zum Schmelzen gebracht werden, die Glaskörner backen dadurch zusammen. Es entsteht ein poröses Material (Glasfritte).

Glasfusing, Glasverschmelzung
Glas wird in Form von Scheiben Granulat und Barren als Ausgangsmaterial verwendet. In kaltem Zustand wird das Glas geschnitten und neben- oder übereinander gelegt. Diese Glasteile werden in einem speziellen Brennofen in einem ersten Brennvorgang bei ca. 760 bis 800 °C miteinander verschmolzen. Dabei wird das Glas weich, die einzelnen Glaslagen sinken ineinander. Die so entstandenen Platten werden in die gewünschte Form geschnitten und in einem zweiten Brennvorgang geformt. Dieser Formungsvorgang findet bei ca. 600 °C bis 700 °C statt. Wesentlich für diese Verschmelzungen ist, dass alle verwendeten Gläser den gleichen Dehnungskoeffizienten haben.

Glas gießen
Glas wird in einer Form erhitzt, bis es flüssig wird, in die gewünschte Form gebracht und wieder abgekühlt. Häufig wird dafür Bruchglas verwendet.

Horizontale Vorspannung
Thermischer Prozess, bei dem das Glas horizontal über Rollen geführt und dabei durch intensive Abkühlung vorgespannt wird. Siehe auch Vorspannen.

In der Masse gefärbtes Glas
Transparentes Floatglas mit dauerhafter, gleichmäßiger Färbung in der Glasmasse.

Mattieren
Eine durch sehr sanftes Sandstrahlen hervorgerufene, geringe Reduzierung der Transparenz von Glas.

Mundgeblasenes Glas
Das Glas wird in einen Zylinder geblasen, bevor es zu einer flachen Glasscheibe weiterbearbeitet wird. Es misst normalerweise 60 x 90 cm (siehe auch Antikglas).

Opak
Undurchsichtig. Das Wort wird häufig auch für Glas verwendet, obwohl »transluzent« der passendere Begriff wäre, da Glas, im Gegensatz zu wirklich opaken Materialien, nie völlig undurchsichtig ist.

Optisches Rohglas
Glas mit einem höheren Bleianteil als normales Floatglas, wodurch der grüne Farbstich reduziert wird. Optisches Rohglas wird auch als »Weißglas«, »optisches Glas« oder »Bleikristall« bezeichnet. Es ist transparenter als normales Glas, jedoch weicher und kratzempfindlicher. Siehe auch eisenarmes Glas.

Photovoltaisches Glas als Glas-Folien-Module/Laminate
Verbundglas mit eingelegten Solarzellen, die das Sonnenlicht in Energie umwandeln. Als Außenscheibe wird z. B. vorgespanntes 4 mm Weißglas (ESG) mit gesäumten Kanten verwendet. Die PV-Zellen werden zwischen zwei EVA-Folien (Ethylen-Vinyl-Azetat) eingebettet und mit einer Verbundfolie als Rückseite zu einem Laminat verarbeitet. Der Zellabstand beträgt bei Standardmodulen 5 mm. Bei Glas-Isolierglas-Modulen werden die PV-Zellen zwischen zwei PVB-Folien (Polyvinylbutyral) eingebettet und mit

einer weiteren ESG-Scheibe laminiert. Die Scheibendicken betragen ca. 4 bis 5 mm je nach Größe des Moduls. Als Abstandhalter werden Aluminium- oder Edelstahlprofile verwendet, die einen gasgefüllten (z. B. Argon), ca. 16 mm großen Scheibenzwischenraum schaffen. Als rückseitiges Glas wird eine ESG-Scheibe verwendet die ebenfalls 4 bis 5 mm Stärke hat. Der Randverbund entspricht einem Standard-Isolierglasaufbau.

Polieren mit Säure
Durch die Behandlung mit einer Mischung aus Schwefelsäure und Flusssäure wird Glas wieder klar und durchsichtig.

PVB-Folie (Polyvinylbutyral)
Kunststoff, der, unter Druck erhitzt, zwei Glasscheiben miteinander verbindet. Siehe auch Photovoltaisches Glas.

Sandstrahlen
Verfahren, bei dem mit Sandkörnern unter Druckluft eine Glasoberfläche abgeschmirgelt wird.

Säumen
Grundlegende Form der Kantenbearbeitung, bei der die scharfen Kanten von geschnittenem Glas entfernt werden.

Schmelzglas
Mehrere farbige oder farblose Glasschichten, die bei etwa 760 °C zu einer einzigen Glasscheibe zusammengeschmolzen wurden. Da sich nicht alle Glasarten dafür eignen, müssen spezielle Glasarten verwendet werden. Siehe auch Glasfusing.

Schutzlack
Material, mit dem bestimmte Bereiche des Glases abgedeckt werden, um sie vor Säure, dem Sandstrahlen oder Emaillefarben zu schützen.

Silberlot
Ein Silberoxid, das Glas auf einzigartige Weise färbt. Während des Brennvorgangs dringt das Lot tief in das Glas ein und bleibt transparent. Dadurch entstehen Farben von Bernstein bis Zitronengelb.

Silikon-Versiegelung
Bei nicht abgedecktem Randverbund eines Isolierglases wird dieser mit einer UV-beständigen Silikonversiegelung abgedichtet.

Solargewinn
Die Energie, durch die sich ein Raum aufgrund einer verglasten Fassade erwärmt. Die solare Einstrahlung durch Fenster oder verglaste Fassadenteile wandelt sich im Raum durch Absorbtion und Reflexion in Wärmestrahlung um und wird durch die Scheibe auf dem Weg wieder nach außen stark gebremst und reflektiert. Daher rührt auch der sog. Treibhauseffekt. Siehe auch UV-Transmission.

Structural Glazing
So genannte Klebefassade: Ein Aluminium-Adapterrahmen, der mit einer speziellen Isolierglas-Einheit (meist einem Stufen-Isolierglas) verklebt wird, bildet ein Modul, das in eine Pfosten-Riegel-Konstruktion eingehängt wird.

Teilvorgespanntes Glas
Glas, das einer speziellen Hitzebehandlung unterzogen wird, um seine Festigkeit gegenüber mechanischer und thermischer Beanspruchung zu erhöhen. Sein Bruchverhalten ähnelt dem von normal gekühltem Glas (radiale Bruchrisse).

Überfangglas
Zweischichtiges Glas aus einer farbigen oder getönten Grundschicht mit einer meist weißen Überzugsschicht aus Glasschmelze. Verwendung z. B. als lichtstreuendes Glas für Leuchten. Siehe auch Antikglas.

UV-Klebung
Das Zusammenkleben von Glasscheiben mit einem Kleber, der in UV-Licht gehärtet wird. Kleber dieser Art sind transparent und extrem haltbar.

Verbundglas, Verbund-Sicherheitsglas (VSG), laminiertes Glas
Zwei oder mehr Scheiben (Schalen) aus Floatglas oder Einscheiben-Sicherheitsglas werden mit einer oder mehreren Zwischenschichten (meist PVB) bei Hitze und Druck fest miteinander verbunden. Verbundsicherheitsglas besteht aus mindestens zwei Scheiben, die durch eine Folie (PVB-Folie, Dicke einer Lage ca. 0,8 mm) miteinander verbunden sind. Beim Bruch der Glasscheiben haften die Glastücke an der Folie. Die VSG-Scheiben werden im so genannten Autoklaven unter Aufbringung bei Temperatur (< 160 °C) und hohem Druck (ca. 12 bar) hergestellt.

Vorspannen
Das Vorspannverfahren entstand 1929. Es besteht in einer sehr raschen Kühlung durch Einblasen, bei dem die Glasschmelze innerhalb von wenigen Sekunden von 600 auf 300 °C abkühlt. Dies hat eine Steigerung der Bruchfestigkeit zur Folge. Bei einem starken Schlag zerfällt das thermisch vorgespannte Glas in Krümel, ohne Splitterbildung.

Wasserstrahl-Schneiden
Verfahren mit einem computergesteuerten Hochdruck-Wasserstrahl. Zur Verstärkung der Schneidkraft wird dem Wasserstrahl ein Abrasivmittel (Abriebkörper) beigemischt. Die hohe kinetische Energie der Partikel bewirkt einen Mikrozerspanungsprozess im Schnittspalt. Wasserstrahlschneiden ist eine der modernsten Formen der Zerspanungstechnik. Es können beliebige Formen aus dem Glas geschnitten werden. Filigranste Formen und beliebige Konturen sind mit dieser Technologie möglich. Über eine feine Düse gelangt Wasser mit einem Druck von bis zu 4100 bar auf das zu schneidende Material. Im Gegensatz zu vielen anderen Schneidtechniken wird die Schnittkante nicht thermisch belastet, was wesentlich zu einer hohen Kantenqualität beiträgt.

Windlast
Druck bzw. Sog, der durch direkte Windeinwirkung auf die äußere Oberfläche eines Gebäudes ausgeübt wird. Einheit: N/m^2.

REGISTER

Abgesenktes Glas 13, 148, 154
  Sitzplätze im Freien, Broadgate, London, England 148
  Fountain Wall, San Francisco, USA 149
  Ozon-Scheibe 149
  Synagoge der Präsidentenresidenz, Jerusalem, Israel 149
Adjaye, David 46
  Idea Store, London, England 46 f.
Al-Faisaliah-Zentrum, Riad, Saudi-Arabien 102 f.
Albers, Josef 34, 74, 121
Allmann, Sattler, Wappner 113
Alsop Associates 46, 48
  Peckham Bücherei, London, England 46, 48 f.
Alsop, Will 48
Ames, Shane 128
Aoki, Jun
  Louis-Vuitton-Laden, Nagoya, Japan 20
Apotheosis, Kongresszentrum von Tacoma im Staat Washington, USA 82 f.
Approach of Time, Lincoln House, Hongkong 166
Aqua, Botschaft von Kuwait, Ottawa, Kanada 77
Arets, Wiel 28
  Bibliothek der Universität von Utrecht, Niederlande 28 f.
Arquitectonica
  The Westin, New York, USA 45
Arup Associates
  Time and Tide, Plantation Place, London, England 172 f.
Arup Lighting 64
Ascot Grandstand, Berkshire, England 103
Atmosphere #1 & #2, Cooloola Sunshine Institute of Technical and Further Education, Queensland, Australien 174 f.
Aufzüge 18
Azur International 128

b720-Architekten 45
Baker McKenzie Corporate HQ, London, England 75
Bank Credit Mutuel, Colmar, Frankreich 98
Basingstoke Lido, Basingstoke, England 90
BAT Firmensitz, London, England 108
Bauhaus 10, 34
BDA/DWB 152
Beacon, Montreal, Kanada 56, 60 f.
Beaumont, Linda 82
  Sea-Tac-Flughafen, Staat Washington, USA 82, 84 f.
Behnisch & Partner 40
  Kurbad, Bad Elster, Deutschland 40 f.
Beleschenko, Alexander 112
  Internationales Kongresszentrum Birmingham, England 8, 10–12

Canary Wharf, Verbindungsgang, London, England 114 f.
  Herz-Jesu-Kirche, München, Deutschland 113
  Millennium Bridge, Coventry, England 112
  Stockley-Park-Fenster 10
Beleuchtete Glassäule, Rouen, Frankreich 152
Bestattungsunternehmen, Neubiberg, Deutschland 154 f.
Bibliothek der Universität Utrecht, Niederlande 28 f.
Bieleska, Wyn 82
Biennale von Montreal 56
Big Poppy, San José, Kalifornien, USA 1
Bill, Max 150
Bleiglas 8, 10
Bleyenberg, Michael 182 f.
  Eyefire DFG, Bonn, Deutschland 182 f.
Eyescape XI Deutsch-Chinesisches Forschungszentrum, Peking, China 182
  Lichtdrachen, Bias Bremer Institut für Angewandte Lasertechnologie, Bremen, Deutschland 182
Blickfang, DFG, Bonn, Deutschland 182 f.
Blomberg, Ariel 156
Blossfeldt, Karl 22
Boehringer Ingelheim Pharmazeutische Forschungslaboratorien, Biberach, Deutschland 35–37
Boissel, Thierry 154
  Bestattungsunternehmen, Neubiberg, Deutschland 154 f.
Bibliothek der Brandenburger Technischen Universität in Cottbus, Deutschland 23, 26 f.
Brewery Lane, Bridgend, Wales 80
British Gas, Besprechungsraum, Reading, England 106 f.
British Telecom International, Firmenhauptsitz, Oswestry, Wales 111
Brooks, Kirsty 176
  Financial Services Agency, London, England 172, 176
  Whistler Street, London, England 176 f.
Brüstungen und Geländer 18, 120 f.
Buchan Group
  Christchurch Art Gallery, Neuseeland 44
Bullseye 156
Burne-Jones, Edward 74
Burrell Foley Fischer 80

Canary Wharf Verbindungsgang, London, England 114 f.
Carpenter Lowings Architects
  Salvation Army International Chapel, London, England 6 f.
Carpenter, James 52 f.

Carther, Warren 164
  Approach of Time, Lincoln House, Hongkong 166
  Chronos, Hongkong 164, 166
  Euphony, Ted Stevens Anchorage International Airport, Alaska, USA 162 f., 167
  Prairie Boy's Dream, One Canada Centre, Winnipeg, Kanada 166
  Vestige, Lincoln House, Hongkong 164 f.
Castrillo, José Fernández 141
  Concepto Espacial, Terrassa, Barcelona, Spanien 142
  Encuentro Entropico, Privates Wohnhaus, Barcelona, Spanien 143
  Raigs X, Barcelona, Spanien 2, 142
  Riu, Xerta, Tarragona, Spanien 140 f.
  Rushes, Privates Wohnhaus, Canterbury, England 142
Catch a Wind, Privates Wohnhaus, Wroclaw, Polen 159
Celestial Passage, Baltimore/Washington International Airport, Maryland, USA 15
Centrica-Haupsitz, Windsor, England 111
Cesar Pelli & Associates 105, 115
Chagall, Marc 74
Chan, Eddy 135
  Eingangshalle, Finanzzentrum Hongkong 134
  Wandschirm, Privates Wohnhaus, Regalia Bay, Hongkong 135
Chaplaincy, Great Western Hospital, Swindon, England 97
Chelsea Flower Show, London, England 11
Childs & Sulzmann 96
Clarke, Brian 102 f.
  Al-Faisaliah-Zentrum, Riad, Saudi-Arabien 102 f.
  Ascot Grandstand, Berkshire, England 103
  Punktraster, Al-Faisallah-Zentrum, Riad, Saudi-Arabien 12
  Glasdüne, Umweltministerium Hamburg, Deutschland 104
  Entwurf der Nordfassade, westlicher Wintergarten, Canary Wharf, London, England 105
Concepto Espacial, Terrassa, Barcelona, Spanien 142
Corning Glass 52
Cotswold District County Offices, Cirencester, England 97
Couloume, Yves 152

D A Architectos 126
d'Agostino, Ferdinand
  Greenwood-Bücherei, Seattle, Staat Washington, USA 72–74

Dichroitische Folien 64, 68 f.
Dichroitisches Glas 138 f., 144, 146
Diener & Diener
   Novartis Campus, Basel, Schweiz 18
Donlin, Martin 78
   Brewery Lane, Bridgend, Wales 80
   Empire Theatre, Liverpool, England 78 f.
   Harbour Lights Cinema, Southampton, England 78, 80
   Holywood Arches Hospital, Belfast, Nordirland 81
   Tib-Fußgängerbrücke, Manchester, England 78
Drewer, Jürgen 178
   Transluzente Trennwand, Volksbank, Bückeburg, Deutschland 178 f.

Earth Series Canyon, Vancouver, Kanada 168
Ei der Erde, Hamamatsu, Japan 132
Eingangshalle, Finanzzentrum Hongkong 134
Empire Theatre, Liverpool, England 78 f.
Emaillemalerei auf Glas 12, 76
   Aqua, Botschaft von Kuwait, Ottawa, Kanada 77
   James Cook University Hospital, Middlesbrough, England 76 f.
   Symfonia, Universitätsklinik in Oslo, Norwegen 76
   Time & Tides, Bayonne-Haltestelle, New Jersey, USA 13, 76
Emaillemalerei im Siebdruckverfahren 20 f.
Encuentro Entropico, Privates Wohnhaus, Barcelona, Spanien 143
Entwurf der Nordfassade, westlicher Wintergarten, Canary Wharf, London, England 105
Erick van Egeraat Associated Architects (EEA) 30–33
   Rathaus, Alphen aan den Rijn, Niederlande 32 f.
   Inholland Universität, Rotterdam, Niederlande 31
   Liget-Zentrum, Budapest, Ungarn 30
Escher, Max 18
Euphony, Ted Stevens, Anchorage International Airport, Alaska, USA 162 f.
Euralille, Lille, Frankreich 19
EVA (Ethylen-Vinyl-Acetat) 44
Exempla-Preis München 150
Experimente in Kunst und Technologie (E. A. T.) 144
Eyescape XI Deutsch-Chinesisches Forschungszentrum, Peking, China 182

Fachhochschule Eberswalde, Bibliothek, Deutschland 23
Farbe 18

Farbglas 7–10
   Neue Techniken 10–13
Farbiges Verbundglas 13, 44
   Christchurch Kunstgalerie, Neuseeland 44
   Maestro-Nicolau-Bürogebäude, Barcelona, Spanien 45
   The Westin, New York, USA 45
Farbige Verbundsicherheitsfolien 13, 44
Farbspiegelungen, Quebec, Kanada 56, 58 f.
Federle, Helmut
   Novartis Campus, Basel, Schweiz 18
Folienbeschichtetes Glas 13, 62, 172
   Financial Services Agency, London, England 172, 176
   Holmes Place Lifestyleclub, Köln, Deutschland 62 f.
   Holmes Place Lifestyleclub, Wien, Österreich 63
   Time and Tide, Plantation Place, London, England 172 f.
Financial Services Agency, London, England 172, 176
Flughafenkapelle München, Deutschland 151
Fontana, Lucio 160
Foster & Partners 120 f.
Foster, Norman 102 f.
Fountain Wall, San Francisco, USA 149
Fox & Fowle Architects 144
   Passagen 2004, Roosevelt/74th St Station, New York, USA 146 f.
Fraccaroli, Brunete 50
   Japanisches Grill-Restaurant, Sao Paolo, Brasilien 50 f.
Freizeitzentrum Carterton, Oxford, England 96
Fuller, Buckminster 9
Fusion Glass
   Chelsea Blumenschau, London, England 11
Future Systems 104

Galleria Hall West, Seoul, Südkorea 64, 67
Gaudí, Antonio 14, 74
Gehry, Frank
   Guggenheim Museum, Bilbao, Spanien 13 f.
Geländer in einem Palast, Warschau, Polen 159
Gerillte Muschel, Radisson Edwardian Hotel, Heathrow, London, England 162
Gillick, Liam 18, 54
Glasdüne, Umweltministerium, Hamburg, Deutschland 104
Glas-Farben-Spiel, Wunsiedel, Deutschland 151, 153
Glass Fountain, Lobby des Blue Horizon Hotels, Vancouver, Kanada 168 f.
Glasfritte 20 f., 76
Glaskunst in der Architektur 7, 10, 18, 184

Glass Museum, Tacoma, Staat Washington, USA 82
Glasskulptur, National-Bank, Essen, Deutschland 161
Glasscheibe im Innenraum, privates Wohnhaus, London, England 124
Glasskulptur, Stadtsparkasse, Singen, Deutschland 161
Glastüre, Hotel Erania, Kolobrzeg, Polen 159
Glaswand im Innenraum, privates Wohnhaus, Morelos, Mexiko 127
Glauner, Bert 126
   Glaswand im Innenraum, privates Wohnhaus, Morelos, Mexiko 127
   Kubos, Mexiko Stadt, Mexiko 126
   Terrassentrennwand, privates Wohnhaus, Morelos, Mexiko 127
Global Gate, Düsseldorf, Deutschland 160
Greenwich Village, New York, USA 144 f.
Greenwood Library, Seattle, Staat Washington, USA 72–74
Grove, Canary Wharf, London, England 137
Guggenheim Museum, Bilbao, Spanien 13 f.

Hagener Feinstahl, Hagen, Deutschland 92 f.
Hall, Sarah
   Aqua, Botschaft von Kuwait, Ottawa, Kanada 77
Hanover Street, London, England 121 f.
Harbour Lights Cinema, Southampton, England 78, 80
Hauptsitz der Holstein-Brauerei, Hamburg, Deutschland 158
Heart Tent, Diplomatischer Club, Riad, Saudi-Arabien 9
Heilig-Geist-Kirche, Friedberg, Deutschland 12
Heißglas-Atelier 82
Heron, Patrick
   Tate Gallery, St Ives, England 10
Herz-Jesu-Kirche, München, Deutschland 113
Herzog & de Meuron 28
   Bibliothek der Brandenburger Technischen Universität in Cottbus, Deutschland 22, 26 f.
   Eberswalde Technical School Library, Deutschland 23
   Krankenhausapotheke, Basel, Schweiz 22
   Kaufhaus Ricola, Mulhouse, Frankreich 22, 24 f.
Hilton, Eric
   Vision's Nucleus 74
Hiscott, Amber 88
   Nordwalisisches Krebszentrum, Glan Clwyd, Wales 88 f.
   The Journey, Great Western Hospital, Swindon, England 88 f.
HOK Sport 103
Holmes Place Health Club, Kensington, London, England 109

REGISTER

Holmes Place Health Club, Lissabon, Portugal 110
Holmes Place Lifestyleclub, Köln, Deutschland 62 f.
Holmes Place Lifestyleclub, Wien, Österreich 63
Holographische Folien, Dortmund, Deutschland 173
Holywood Arches Hospital, Belfast, Nordirland 81
Hommage für Mozart, Salzburger Kongresszentrum, Österreich 116, 119
Horlitz, Andreas 170
  Index, Jobzentrum, Sangerhausen, Deutschland 170 f.
  Text DNA, Büros der Agentur Uniplan International, Kerpen bei Köln, Deutschland 170
Hot Sun, privates Wohnhaus, Poznan, Polen 159
Hutton, Louisa 34

Idea Store, London, England 46 f.
In die Sonne, Engenhahn, Deutschland 124 f.
Index, Jobzentrum, Sangerhausen, Deutschland 170 f.
Ing Bank HQ, Amsterdam, Niederlande 11
Ingberg, Hal 56
  Beacon, Montreal, Kanada 56, 60 f.
  Farbspiegelungen, Quebec, Kanada 56, 58 f.
  Kongresszentrum, Montreal, Kanada 56 f.
Inholland Universität, Rotterdam, Niederlande 31
Innenministerium, London, England 54 f.
Innenwand, Hotel Aubier, Neuchâtel, Schweiz 11
Internationales Garten-Festival, Redford Gardens, Quebec, Kanada 56
Internationales Kongresszentrum Birmingham, England 8, 10–12
Intrepid Steps, Principality Building Society, Cardiff, Wales 97
Invisible Fences, Macy's Union Square, San Francisco, USA 130 f.

James Carpenter Design Associates 52 f.
  Moiré-Treppenturm, Deutsche Post, Bonn, Deutschland 52 f.
James Cook University Hospital, Middlesbrough, England 76 f.
Japanisches Grill-Restaurant, Sao Paolo, Brasilien 50 f.
Jones, Bridget
  James Cook University Hospital, Middlesbrough, England 76 f.
Jones, Graham 106
  Baker McKenzie Corporate HQ, London, England 75
  BAT Firmenzentrale, London, England 108
  British Gas, Besprechungsraum, Reading, England 106 f.
  Hauptsitz der British Telecom International, Oswestry, Wales 111
  Centrica Firmenzentrale, Windsor, England 111
  Holmes Place Health Club, Kensington, London, England 109
  Holmes Place Health Club, Lissabon, Portugal 110
  The Merseyway, Stockport, England 10
Journey, Great Western Hospital, Swindon, England 88 f.
Jugendstil 40

Kammerer, Tobias 92
  Hagener Feinstahl, Hagen, Deutschland 92 f.
  Volksbank, Nagold, Deutschland 92–95
Kapelle, Seigakuin-Universität, Saitama, Japan 132 f.
Keeler, Stuart 82
  Apotheosis, Kongresszentrum von Tacoma, Staat Washington, USA 82 f.
Kemper, Guy
  In die Sonne, Engenhahn, Deutschland 124 f.
Kirche, Genf, Schweiz 98
Kirche am Weg, Wilhelmsdorf, Deutschland 100 f.
Kogler, Peter
  Rathaus, Innsbruck, Österreich 16–18
Kongresszentrum, Montreal, Kanada 56 f.
Krankenhausapotheke, Basel, Schweiz 22
Kress, Richard 52
Kubos, Mexiko Stadt, Mexiko 126
Kuckei, Peter 128
  Place Des Arts, Fort Lauderdale, Florida, USA 128 f.
Kunst 13 f., 74, 184
  Architektur 14 f.
Kunstgalerie in Christchurch, Neuseeland 44
Kunstharz 44
Kunststoff 13, 44
Kurbad, Bad Elster, Deutschland 40 f.

La Defense, Bürogebäude, Almere, Niederlande 64–66
Laboratory Health Club, London, England 163
Laminiertes Glas 124
  Glasscheibe im Innenraum, privates Wohnhaus, London, England 124
  In die Sonne, Engenhahn, Deutschland 124 f.
  Laminierte Glasscheiben, privates Wohnhaus, London, England 124
  McGraw Hill, Empfangshalle, Canary Wharf, London, England 124
Lane, Danny 138
Lichtleiter, Papworth Hospital, Cambridge, England 139

Leap, Ken
  Time & Tides, Bayonne-Haltestelle, New Jersey, USA 13, 76
Lechner, Florian 13, 150 f.
  Flughafenkapelle München, Deutschland 151
  Prismensäule, Kongresszentrum, Weiden, Deutschland 152
  Glas-Farben-Spiel, Wunsiedel, Deutschland 151, 153
  Beleuchtete Glassäule, Rouen, Frankreich 152
  Münchener Rückversicherung, Londoner Firmenzentrale, England 151
  St.-Canisius-Kirche, Freiburg, Deutschland 150
LED Beleuchtung 44, 64, 172
Leif Höegh & Co Corporate HQ, Oslo, Norwegen 75, 180 f.
Lenehan, Dorothy 130
  Unsichtbare Zäune, Macy's Union Square, San Francisco, USA 130 f.
  Bürohaus Pacific Bell, San Francisco, USA 130
Lewis, John
  Fountain Wall, San Francisco, USA 149
Liget-Zentrum, Budapest, Ungarn 30
Licht 74, 160, 170
Lichtdrachen, Bias Bremer Institut für Angewandte Lasertechnologie, Bremen, Lichtmonitor, Deutschland 182
Liquid Veil, InterContinental-Hotel, Toronto, Kanada 119
Lönne, Michael 86
  St.-Vincenz-Krankenhaus, Paderborn, Deutschland 86 f.
Louis-Vuitton-Laden, Nagoya, Japan 20
Low, Stuart
  Glasscheibe im Innenraum, privates Wohnhaus, London, England 124
Lyle, Nick
  Big Poppy, San José, Kalifornien, USA 1

Machida-Kirche, Tokio, Japan 132
Machnic, Michael 82
  Apotheosis, Kongresszentrum von Tacoma, Staat Washington, USA 82 f.
Mackintosh, Charles Rennie 10
Maestri, Kate 121
  Hanover Street, London, England 121 f.
  McGraw Hill, Empfangshalle, Canary Wharf, London, England 124
  Glasfenster, privates Wohnhaus 122 f.
  Sage Centre, Gateshead, England 120 f.
  St James's Street, London, England 122 f.
  Vauxhall Bridge Road, London, England 122
Maestro Nicolau, Bürogebäude, Barcelona, Spanien 45

REGISTER

Mansilla & Tunon
  Musac, Leon, Spanien 4 f.
Marunouchi-Gebäude, Tokio, Japan 162 f.
Matisse, Henri 74
Maylor, Mira
  Synagoge der Präsidentenresidenz, Jerusalem, Israel 149
  Synagoge, Jerusalem, Israel 74
McGraw Hill, Empfangshalle, Canary Wharf, London, England 124
McLaughlin, Niall 68
Me di um Architekten 42
  Zentralbibliothek Recht, Hamburg, Deutschland 42 f.
Meissl, Delugan
  Wohn- und Bürohaus, Wien, Österreich 21
Merseyway, Stockport, England 10
Millennium Bridge, Coventry, England 112
Millennium Centre, Cardiff, Wales 88
MJP Architects 112
Moiré-Treppenturm, Deutsche Post, Bonn, Deutschland 52 f.
Monolith: Ocean, Privatsammlung, Vancouver, Kanada 169
Münchener Rückversicherung, Londoner Firmenzentrale, England 151
Murphy Jahn 53
Musac, Leon, Spanien 4 f.
Museum of Fine Arts, Boston, USA 147

Neumann, Jörn 86
  St.-Vincenz-Krankenhaus, Paderborn, Deutschland 86 f.
Niall McLaughlin Architects 68
  Peabody Trust Silvertown, Wohnanlage, London, England 68 f.
  YSC Ltd, London, England 70 f.
Nordwalisisches Krebszentrum, Glan Clwyd, Wales 88 f.
Nouvel, Jean
  Euralille, Lille, Frankreich 19
Novartis Campus, Basel, Schweiz 18 f.

Oberflächenbehandeltes Glas 44
O'Carroll, Declan
  Time and Tide, Plantation Place, London, England 172 f.
Olynik, Markian 168
  Earth Series Canyon, Vancouver, Kanada 168
  Glass Fountain, Blue Horizon Hotel Lobby, Vancouver, Kanada 168 f.
  Monolith: Ocean, Privatsammlung, Vancouver, Kanada 169
Ontario College of Art and Design, Kanada 116
ORMS Architekten

Holmes Place Lifestyleclub, Köln, Deutschland 62 f.
Holmes Place Lifestyleclub, Wien, Österreich 63
Otto, Bettina
  Heart Tent, Diplomatischer Club, Saudi-Arabien 9
Otto, Frei
  Heart Tent, Diplomatischer Club, Saudi-Arabien 9
Ozon-Scheibe 149

Pacific Bell, Bürohaus, San Francisco, USA 130
Papadopoulos, Yorgos 136
  Grove, Canary Wharf, London, England 137
  Verbundglasscheiben, privates Wohnhaus, London, England 124
  Swimming-Pool, privates Wohnhaus, London, England 136
Passagen 2004, Roosevelt/74th St Station, New York, USA 146 f.
Patti, Tom 144
  Lichtmonitor, Greenwich Village, New York, USA 144 f.
  Passagen 2004, Roosevelt/74th St Station, New York, USA 146 f.
  Spectral-Luma Ellipse, Museum of Fine Arts, Boston, USA 147
Peabody Trust Silvertown, Wohnanlage, London, England 68 f.
Pearl, David 90
  Basingstoke Lido, Basingstoke, England 90
  Princess of Wales Hospital, Bridgend, Wales 90
  Wassertürme, Cardiff, Wales 90 f.
Peckham-Bücherei, London, England 46, 48 f.
Perrault, Dominique
  Rathaus, Innsbruck, Österreich 16–18
Photonics-Zentrum, Berlin, Deutschland 34 f.
Photovoltaik-Zellen 44
Piper, John 74
Place Des Arts, Fort Lauderdale, Florida, USA 128 f.
Poensgen, Jochem Glaskunst in Architektur 14
  St. Andreas, Essen, Deutschland 14 f.
Poh's Goldfish, privates Wohnhaus, London, England 163
Polizei- und Feuerwache, Berlin, Deutschland 35, 38 f.
Prairie Boy's Dream, One Canada Centre, Winnipeg, Kanada 166
Pratt Institute, New York, USA 144
Prismensäule, Kongresszentrum, Weiden, Deutschland 152
Princess of Wales Hospital, Bridgend, Wales 90
Prix de Rome 56

Punktraster, Al-Faisaliah-Zentrum, Riad, Saudi-Arabien 12
Quagliata, Narcissus 130, 156
  Rückkehr zum Kosmos, Mexiko Stadt, Mexiko 156 f.

Raigs X, Barcelona, Spanien 2, 142
Rauschenberg, Robert 144
Reid, Stuart 116
  Hommage für Mozart, Kongresszentrum Salzburg, Österreich 116, 119
  Illustration 15
  Liquid Veil, Hotel InterContinental, Toronto 119
  Urban Ribbon, Hotel InterContinental, Toronto 116 f.
Rückkehr zum Kosmos, Mexiko Stadt, Mexiko 156 f.
Reynolds, Joshua 74
Ricola, Kaufhaus, Mulhouse, Frankreich 22, 24 f.
Riu, Xerta, Tarragona, Spanien 140 f.
Royal College of Art, London, England 96, 138
Ruff, Thomas 23
Rushes, privates Wohnhaus, Canterbury, England 142

Sackville House, Cambridge, England 138
Sage Centre, Gateshead, England 120 f.
Salvation Army International Chapel, London, England 6 f.
Sandgestrahltes Glas 12 f., 162
  Gerillte Muschel, Radisson Edwardian Hotel, Heathrow, London, England 162
  Euphony, Ted Stevens Anchorage International Airport, Alaska, USA 162 f., 167
  Laboratory Health Club, London, England 163
  Marunouchi-Gebäude, Tokio, Japan 162 f.
  Poh's Goldfish, privates Wohnhaus, London, England 163
Santarossa, Renato 151, 160
  Glasskulptur, National-Bank, Essen, Deutschland 161
  Glasskulptur, Stadtsparkasse, Singen, Deutschland 161
  Global Gate, Düsseldorf, Deutschland 160
Sauerbruch & Hutton 34–39
  Boehringer Ingelheim Pharmazeutische Forschungslaboratorien, Biberach, Deutschland 35–37
  Photonics-Zentrum, Berlin, Deutschland 34 f.
  Polizei- und Feuerwache, Berlin, Deutschland 35, 38 f.
Sauerbruch, Matthias 34
Schmelzglas 148, 154
Schultz, Saskia 100
  Kirche am Weg, Wilhelmsdorf, Deutschland 100 f.

Sea-Tac Airport, Staat Washington, USA 82, 84 f.
Sitzplätze im Freien, Broadgate, London, England 148
Spectral-Luma Ellipse, Museum of Fine Arts, Boston, USA 147
Stadthalle, Alphen aan den Rijn, Niederlande 32 f.
St. Andreas, Essen, Deutschland 14 f.
St.-Canisius-Kirche, Freiburg, Deutschland 150
St James's Street, London, England 122 f.
St.-Vincenz-Krankenhaus, Paderborn, Deutschland 86 f.
Stephenson Bell 78
Steuben Glass 52
Stirling Prize 48
Stockley-Park-Fenster 10
Swansea Institute, Wales 88
Swimming-Pool, privates Wohnhaus, London, England 136
Symfonia, Universitätsklinik in Oslo, Norwegen 76
Synagoge, Jerusalem, Israel 74
Synagoge der Präsidentenresidenz, Jerusalem, Israel 149

Tandberg, Odd
  Symfonia, Universitätsklinik in Oslo, Norwegen 76
Tate Gallery, St Ives, England 10, 12
Terrassentrennwand, privates Wohnhaus, Morelos, Mexiko 127
Terry Farrell Partnership 18, 54
  Innenministerium, London, England 54 f.
Text DNA, Büros der Agentur Uniplan International, Kerpen bei Köln, Deutschland 170
Tib Fußgängerbrücke, Manchester, England 78
Time & Tides, Bayonne-Haltestelle, New Jersey, USA 13, 76
Time and Tide, Plantation Place, London, England 172 f.
Todd Architects 81
Todd, Kevin 174 f.
Atmosphere #1 & #2, Cooloola Sunshine Institute of Technical and Further Education, Queensland, Australien 174 f.
  Western Districts Courthouse, Inala, Queensland, Australien 174
Tollefsen, Espen 180 f.
  Leif Höegh & Co Corporate HQ, Oslo, Norwegen 75, 180 f.
  Rathaus, Innsbruck, Österreich 16–18
  Transluzente Trennwand, Volksbank, Bückeburg, Deutschland 178 f.
Treppenhaus 15, 92 f., 143
Tunstall, Pip
  Laboratory Health Club, London, England 163

Turner Prize 54
UN Studio 64
  Galleria Hall West, Seoul, Südkorea 64, 67
  La Defense, Bürogebäude, Almere, Niederlande 64–66
  Urban Ribbon, Hotel InterContinental, Toronto, Kanada 116 f.
Urbanowicz, Beata 158
Urbanowicz, Tomasz 158
  Geländer in einem Palast, Warschau, Polen 159
  Catch a Wind, privates Wohnhaus, Wroclaw, Polen 159
  Glastür, Hotel Erania, Kolobrzeg, Polen 159
  Hauptsitz der Holstein-Brauerei, Hamburg, Deutschland 158
  Hot Sun, privates Wohnhaus, Poznan, Polen 159

van Egeraat, Erick 30
Vauxhall Bridge Road, London, England 122
Vazquez, Fermin
  Maestro Nicolau, Bürogebäude, Barcelona, Spanien 45
Verbund-Antiglas 12
  Tate Gallery, St Ives, England 10
Vestige, Lincoln House, Hongkong 164 f.
Vision's Nucleus 74
Vitrinen 54
Volksbank, Nagold, Deutschland 92–95

Wakely, Shelagh
  Marunouchi-Gebäude, Tokio, Japan 162 f.
Waldorf Schule, Frankenthal, Deutschland 98 f.
Wandschirm, privates Wohnhaus, Regalia Bay, Hongkong 135
Wände 8, 11, 149
Ward, Sasha 96
  Freizeitzentrum Carterton, Oxford, England 96
  Cotswold District County Offices, Cirencester, England 97
  Intrepid Steps, Principality Building Society, Cardiff, Wales 97
Wassertürme, Cardiff, Wales 90 f.
Western Districts Courthouse, Inala, Queensland, Australien 174
Westin, Time Square, New York, USA 45
Whistler Street, London, England 176 f.
Whitesavage, Jean
  Big Poppy, San José, Kalifornien, USA 1
Wiederin, Gerit
  Novartis Campus, Basel, Schweiz 18
Wiesner, Erich 40
Wigley Fox Partnership 80
Williams, Ellis 78

Williams, John
  Gerillte Muschel, Radisson Edwardian Hotel, Heathrow, London, England 162
  Poh's Goldfish, privates Wohnhaus, London, England 163
Wohn- und Bürohaus, Wien, Österreich 21
Wolkenkratzer 15
Wood, Chris 138 f.
  Lichtleiter, Papworth Hospital, Cambridge, England 139
  Sackville House, Cambridge, England 138
Wright, Frank Lloyd 10, 14, 74

Yamamoto, Sachiko 132 f.
  Kapelle, Seigakuin-Universität, Saitama, Japan 132
  Ei der Erde, Hamamatsu, Japan 132
  Machida-Kirche, Tokio, Japan 132
YSC Ltd, Covent Garden, London, England 70 f.

Zembok, Udo 98
  Kirche, Genf, Schweiz 98
  Bank Credit Mutuel, Colmar, Frankreich 98
  Innenwand, Hotel Aubier, Neuchâtel, Schweiz 11
  Waldorf Schule, Frankenthal, Deutschland 98 f.
Zentralbibliothek Recht, Hamburg, Deutschland 42 f.
Zwarts, Kim 28

BILDNACHWEIS

Folgende Architekten, Künstler und Fotografen haben dankenswerterweise Materialien zur Verfügung gestellt und der Veröffentlichung zugestimmt. Die Ziffern nennen Seitenzahlen; o oben, u unten, m Mitte, l links, r rechts

2 José Castrillo; 4–5 Mansilla & Tunon/Roland Halbe; 6–7 Carpenter Lowings/Tim Soar; 8 l, r Alexander Beleschenko/Alexander Beleschenko; 9 o, u Frei Otto/Mayer/Frei Otto; 10 l Patrick Heron/Andrew Moor; 10 r Graham Jones/Graham Jones; 11 ol Udo Zembock/Udo Zembock; 11 or Fusion Glass; 11 u Udo Zembock/Gerard Dorzkay; 12 l Brian Clarke; 12 r Graham Jones/Wilhelm Derix; 13 l Engelhardt-Sellin; 13 r Derix Studio; 14 Jochem Poensgen/Silke Helmerdig, Berlin; 15 o StuartReid/Stuart Peto; 15 u Guy Kemper/Alan Gilbert; 16–17 Dominique Perrault/Peter Kogler/André Morin; 18 Diener & Diener/Helmut Federle/Christian Richters; 19 Jean Nouvel/Philippe Ruault; 20 ul, um, ur Jun Aoki & Associates/Nobuaki Nakagawa; 20 o, 21 o, u Delugan-Meissl/ Margherita Spiluttini; 22–25 Herzog & de Meuron/Margherita Spiluttini; 26–27 Herzog & de Meuron/Duccio Malagamba; 28–29 Wiel Arets/Jan Bitter; 30–33 EEA/Christian Richters; 34–39 o Sauerbruch & Hutton/Jan Bitter; 39 u Sauerbruch & Hutton/Jan Bitter/Markus Bredt; 40–41 Benisch & Benisch/Professor Christian Kandzia; 42, 43 ul Medium Architects/Klaus Fraum; 43 o, ur Medium Architects; 44 o, u The Buchan Group, Melbourne/Murray Hedwig; 45 l Arquitectonica/John Gosling/RTKL, courtesy Arquitectonica; 45 r Eduard Miralles/Rafael Vargas; 46 l David Adjaye/Lyndon Douglas; 46 r, 47 David Adjaye/Timothy Soar; 48–49 Will Alsop/Roderick Coyne; 50–51 Brunete Fraccaroli; 52–53 Jamie Carpenter/Andreas Keller; 54 l, r Liam Gillick/Terry Farrell/Morley von Sternberg; 55 Liam Gillick/Terry Farrell/© Tim Crocker/cmpimages.com; 56–61 Hal Ingberg/Hal Ingberg, 59 o Hal Ingberg/Robert Baronet [METIS 04]; 62, 63 o, ur ORMS/Peter Cook; 63 ul ORMS/Jürgen Schmidt; 64 UN Studio; 65–67 UN Studio/Christian Richters; 68–69 Nial McLaughlin/Nick Kane; 70–71 Nial McLaughlin/Hufton and Crow; 72–73 Fernanda D'Agostino/Brian Foulkes; 74 l Mira Maylor/Andras Suranyi; 74 r Eric Hilton/Eric Hilton; 75 l Graham Jones/Clay Perry; 75 r Espen Tollefsen/Espen Tollefsen; 76 Odd Tandberg/Jiri Harran; 77 ol, or Bridget Jones/David Lawson; 77 ul Keneth Leap; 77 ur Sarah Hall/André Beneteau; 78 Martin Donlin/Paul Highnam; 79, 80 u, 81 Martin Donlin/Joseph O'Callaghan; 80 o Martin Donlin/Dennis Gilbert; 82, 83 u Stuart & Michael/Spike Mafford; 83 o Stuart & Michael; 84–85 Linda Beaumont/Spike Mafford; 86–87 Lönne & Neumann/Jörn Neumann; 88–89 Amber Hiscott/David Pearl; 90–91 David Pearl/David Pearl; 92–93 Tobias Kammerer/Horst Goebel, Görsroth; 94–95 Tobias Kammerer/Martin J. Ducker, Ulm; 96–97 Sasha Ward; 98–99 Udo Zembock; 100–101 Saskia Schultz; 102–105 Brian Clarke/courtesy Ascot Racehorse and HOK Sport; 106–107 Graham Jones/Paul Highnam; 108 Graham Jones; 109 Graham Jones/Paul Highnam; 110–111 Graham Jones; 112–113 Alexander Beleschenko/Raffaella Sirtoli; 114 Alexander Beleschenko/Phillip Vile 115 Alexander Beleschenko/Alexander Beleschenko; 116–119 Stuart Reid; 120–124 o Kate Maestri/Philip Vile; 124 ul Yorgos Papadopoulos/Yorgos Papadopoulos; 124 ur Stuart Low/Clay Perry; 125 Guy Kemper/Horst Goebel; 126 Bert Glauner/Bert Glauner; 127 Bert Glauner/Alberto Moreno; 128 Peter Kuckei; 129 o Peter Kuckei/The Style Republic; 129 u Peter Kuckei/Glasmalerei Peters; 130 Dorothy Lenehan/Andrea Quagliata; 131 Dorothy Lenehan/Kana Tanaka; 132 o Sarahko Yamamoto/Gan Tame; 132–133 Sarahko Yamamoto/Jiro Hamana; 134–135 Glass Brain; 136 Yorgos Papadopoulos; 137 Yorgos Papadopoulos/Andrew Lamb; 138–139 Chris Wood/Chris Wood; 140–141, 142 ol José Castrillo/Antonio I Ajusticia; 142 or, u José Castrillo; 143 José Castrillo/Anna Carlotta; 144–145, 146, 147 o Tom Patti/Paul Rocheleau; 147 u Tom Patti/Steve Rosenthal; 148 Fusion Glass/Philip Vile; 149 o Mira Maylor/Yaron Leshem; 149 u John Lewis/John Lewis; 150–153 Florian Lechner; 154–155 Thierry Boissel/Thierry Boissel; 156 Narcissus Quagliata/Mauricio Avramow; 157 Narcissus Quagliata/Fernando Aguilar; 158–159 Urbanowicz/Tomasz Urbanowicz; 160–161 l Renato Santarossa/Horst Schmeck; 161 r Renato Santarossa/Wolfram Janzer; 162 AMA/Clay Perry; 163 l Shelagh Wakely/Tetsuhito Tanaka; 163 or Warren Carther/Dean Carman; 163 ul Pip Tundstall/Kirsty Brooks; 163 ur AMA; 164–165, 166 ol Warren Carthier/Gerry Kopelow; 166 or, u Warren Carthier/Henry Kalen; 167 Warren Carthier/Dean Carman; 168–169 l Markian Olnyk/Fotographica Studio; 169 r Markian Olnyk/Markian Olnyk; 170–171 Andreas Horlitz; 172 l Kirsty Brooks/Kirsty Brooks; 172–173 Arup Associates/Christian Richters; 173 GLB; 174 Kevin Todd/Mark Grimwald; 175 Kevin Todd; 176 r, 177 Kirsty Brooks/Philip Vile; 176 ol, ul Kirsty Brooks/Kirsty Brooks; 178–179 Jürgen Drewer/P. Bartsch; 180–181 Espen Tollefsen; 182–183 Michael Bleyenberg.